छात्र जीवन है अनमोल

DON'T WASTE IT

पढ़ें और जानें सफलता के मूल तत्त्व...

एस हुण्डिवाला

आरहन्त पब्लिकेशन्स (इण्डिया) लिमिटेड

अरिहन्त पब्लिकेशन्स (इण्डिया) लिमिटेड
सर्वाधिकार सुरक्षित

❀ **रजि. कार्यालय**
'रामछाया' 4577/15, अग्रवाल रोड,
दरिया गंज, नई दिल्ली- 110002
फोन: 011-47630600, 43518550;
फैक्स: 011-23280316

मुख्य कार्यालय
कालिन्दी, टी०पी० नगर, मेरठ (यूपी)– 250002
फोन: 0121-2401479, 2512970, 4004199
फोन: 0121-2401648

टाइप सेट : अरिहन्त डीटीपी यूनिट, मेरठ

PRINTED & BOUND BY
ARIHANT PUBLICATIONS (INDIA) LTD. (PRESS UNIT)

❀ **शाखा कार्यालय**
आगरा, अहमदाबाद, बरेली, बंगलुरु, भुवनेश्वर, चेन्नई, दिल्ली, गुवाहाटी, हल्द्वानी, हैदराबाद, जयपुर, झाँसी, कोलकाता, कोटा, लखनऊ, नागपुर, मेरठ तथा पुणे

❀ **ISBN**
978-93-5094-154-6

❀ **मूल्य** ₹ 130.00

प्रोडक्शन टीम

पब्लिशिंग मैनेजर	अमित वर्मा	इनर डिजाइनर	प्रदीप कुमार
प्रोजेक्ट मैनेजर	करिश्मा यादव	पेज लेआउट	रविन्द्र कुमार
प्रोजेक्ट कॉर्डिनेटर	अलीना ज़ैदी	प्रूफ रीडर	सुशील कुमार, उमाशंकर यादव
कवर डिजाइनर	शानू मंसूरी		

'अरिहन्त' के प्रोडक्ट्स के बारे में अधिक जानकारी के लिए हमारी वेबसाइट www.arihantbooks.com पर लॉग इन करें या info@arihantbooks.com पर सम्पर्क करें।

दो शब्द...

छात्र–जीवन एक ऐसा समय है, जिसमें वह अदम्य उत्साह एवं भरपूर ऊर्जा से परिपूर्ण रहता है। कुछ नया, कुछ हटकर, अनूठा करने की लालसा उसमें समाई रहती है।

छात्र–जीवन के महत्त्व को लक्षित कर लिखी गई यह अनूठी, बहुउपयोगी पुस्तक है, जिसमें बच्चों, छात्रों की महत्त्वाकांक्षा पूर्ति के मार्ग में आने वाली बाधाओं/समस्याओं का सटीक चित्रण करते हुए उन्हें सफलता के मार्ग की ओर अग्रसर करने हेतु उचित सलाह दी गई है। यह उपदेशात्मक निदेशिका नहीं है, बल्कि एक ऐसी प्रोत्साहक एवं व्यावहारिक कृति है, जो छात्रों को सफलता के मार्ग की ओर अग्रसर करने का पुनीत कार्य करती है। यह पुस्तक आपको पसन्द आएगी, ऐसा हमें पूर्ण विश्वास है। छात्र–जीवन एक तपस्चर्या का समय है। जीवन में सफलता एक लक्ष्य–प्राप्ति के लिए इस समय का सदुपयोग करें।

यह पुस्तक, यदि आपको अच्छी लगे, आप इसे पसन्द करें, आपको लगे कि वास्तव में इस पुस्तक ने आपमें जोश भर दिया है, आपमें ऊर्जा का संचार किया है, आपके सोचने के ढंग एवं अन्दाज में वांछित परिवर्तन हुआ है तो एक पोस्टकार्ड लेखक के नाम अवश्य प्रेषित करें।

यह मेरा अनुग्रह है, आपका पोस्टकार्ड मेरा वास्तविक पारितोषिक होगा।

एस हुण्डिवाला
129-साउथ वेस्ट ब्लॉक
ईदगाह पास, अलवर-301001
टेलीफोन : 0144-2700438

विषय-सूची

'छात्र-जीवन है अनमोल'

Don't Waste It !

* * *

छात्र-जीवन किसी भी व्यक्ति के जीवन की बुनियाद निर्माण का समय होता है। व्यक्ति का सम्पूर्ण जीवन इसी बुनियाद पर आधारित होता है। अत: छात्रों को चाहिए कि समाज में व्याप्त आकर्षण एवं फिसलन से दूर रहते हुए एकाग्रचित्त होकर अपने लक्ष्य-प्राप्ति की ओर अग्रसर होते हुए सफलता अर्जित करें।

* * *

छात्र-जीवन

छात्र-जीवन हर व्यक्ति के जीवन में आने वाला ऐसा समय है, जब उसमें अदम्य उत्साह रहता है। वह ऊर्जा से सराबोर होता है, जीवन में कुछ अलग, कुछ अनूठा करने की चाहत, लालसा दिल में समाई रहती है। वह स्वयं के आगे किसी को कुछ नहीं समझता।

छात्र में हर परिस्थितियों से टकराने की कुव्वत होती है। वह उत्सुक होता है, दुनिया की हर चीज जानने को। उसे परवाह नहीं होती है, ऊँच-नीच की, अमीर-गरीब की। यदि वह गरीब है, तो वह अमीर बनने की चाह लिए, स्वयं को हर परिस्थितियों में सफल बनाने हेतु आत्मविश्वास से भरा होता है। उसमें कुछ कर गुजरने की अभिलाषा रहती है।

सम्पूर्ण ऊर्जा से भरपूर यह शख्स जीवन को अपने बलबूते पर आँकना चाहता है, गढ़ना चाहता है। मिट्टी के कच्चे घड़े-सा यह शख्स, यदि सही राह पकड़ लेता है, तो एक इतिहास रचने में सक्षम हो जाता है और यदि वह गलत रास्ते पर भटक जाता है तो इतना गर्त में गिर सकता है कि फिर कभी उठकर चलने की हिम्मत भी जुटाना कई बार मुश्किल हो जाता है।

छात्र-जीवन एक ऐसा अनूठा समय, एक ऐसा अद्भुत समय है, जब उसके पास वस्तुत: कोई समस्या नहीं होती। न उसे कमाने की चिन्ता होती है, न कोई खास सामाजिक बन्धन होता है, न कोई पारिवारिक तनाव से उसका सामान्यतया वास्ता होता है और न ही अन्य किसी प्रकार की समस्या से ग्रस्त होता है। उसका एक ही काम होता है, अपने लक्ष्य को प्राप्त करना एवं इस समय को अपनी योग्यता,

क्षमतानुसार पूर्ण लगन एवं मेहनत से अपने लक्ष्य प्राप्त करने हेतु उपयोग करना। छात्र के माता-पिता/अभिभावक, बुजुर्गों की भी छात्र से यही अपेक्षा रहती है कि वह अपना लक्ष्य प्राप्त करे, जीवन में सफल हो एवं सही मार्ग पर चलकर अपना एवं अपने परिवार का नाम रोशन करे।

यहाँ एक बात महत्त्वपूर्ण है कि छात्र के माता-पिता/अभिभावक चाहे कितने भी उल्टे-सीधे काम करते होंगे, लेकिन वे चाहते हैं कि उनका बच्चा सही मार्ग पर चलकर ही सफलता प्राप्त करे। कहते हैं कि छात्र-जीवन, जीवन का सर्वश्रेष्ठ अनमोल समय है। इस समय का सदुपयोग, छात्र को सफलता की बुलन्दियों की ओर अग्रसर करता है एवं इस समय का दुरुपयोग छात्र को किस गर्त तक धकेल सकता है, इसकी कल्पना भी नहीं की जा सकती।

ऐसे कितने ही उदाहरण आपको मिलेंगे कि आर्थिक रूप से विपन्न छात्र, जिसका पिता रिक्शा चालक या दैनिक मजदूरी करके मुश्किल से दो जून की रोटी का जुगाड़ करके अपने बच्चों को पढ़ाई के लिए पैसे भेजता है। ऐसे लोगों के बच्चे, टॉपर्स की सूची में शामिल हो जाते हैं एवं देश के अमीरों में शामिल राजनेताओं एवं बड़े-बड़े नौकरशाहों के बच्चे, छात्र-जीवन में ऐसे-ऐसे अपराधों में लिप्त पाए जाते हैं कि माता-पिता के कितने भी रसूखों, कितनी भी पहुँच के बावजूद वे जेल की सलाखों के पीछे सड़ते रहते हैं।

''यूँ ही नहीं मिलती राही को मंजिल,
एक जुनून सा दिल में जगाना होता है,
पूछ चिड़िया से कैसे बनाया आशियाना,
बोली-भरनी पड़ती है उड़ान बार-बार,
तिनका-तिनका उठाना होता है।''

छात्र-जीवन वास्तव में, एक तपस्चर्या का समय है। छात्रों को इस समय को, एक मनीषी की तरह बहुत संयम एवं गम्भीरता से उपयोग करने की आवश्यकता है। छात्र को बहुत धैर्य से, स्वयं को संयमित रखते हुए, बहुत सोच-समझकर अपने लक्ष्य को प्राप्त करने हेतु, आगे बढ़ने की जरूरत है। रास्ते में इतने आकर्षण, विकर्षण हैं, राह इतनी फिसलन भरी है, अश्लीलता चारों ओर फैली हुई है एवं छात्रों को इन विषम परिस्थितियों में स्वयं को एक मनीषी की तरह अपने लक्ष्य का संधारण करना है।

''जीत और हार
आपकी सोच पर ही निर्भर है
मान लो तो हार होगी
ठान लो तो जीत होगी।''

छात्र कौन है?

वैसे तो हर व्यक्ति अपने सम्पूर्ण जीवन में छात्र ही होता है, उसे हमेशा कुछ-न-कुछ सीखने को मिलता है, लेकिन इस अद्भुत पुस्तक में जिस छात्र-जीवन के बारे में हम विमर्श कर रहे हैं, उसके अनुसार छात्र-जीवन से तात्पर्य उन छात्रों के जीवन से है, जो जीवन के उस मोड़ पर हैं, जब उनकी पढ़ाई, उनकी शिक्षा उनके भविष्य निर्माण में अहम् भूमिका अदा करती है। ऐसे समय जब छात्र अपने भविष्य निर्माण के सपने देखते हैं, वे अपने करियर के प्रति सजग होते हैं। छात्र सोचने लगता है मेरा भविष्य क्या होगा? या मेरा भविष्य क्या होना चाहिए?

सामान्यतया यह समय कक्षा 11-12 से शुरू होता है, लेकिन हमारी मान्यता है कि यह समय कक्षा 10 से कक्षा 12 तक एवं उसके बाद स्नातक तक रहता है। कक्षा 10 में आते ही छात्र के अभिभावक

उसके करियर के प्रति काफी जागरूक हो जाते हैं, सजग हो जाते हैं। यहाँ-वहाँ जानकारी करने लगते हैं। छात्र दसवीं कक्षा में अंकों का महत्त्व समझने लगता है। बोर्ड परीक्षा में आने वाले अंक उसकी किसी हद तक योग्यता/क्षमता को इंगित करते हैं।

लेकिन कक्षा 11 एवं 12 में आज का छात्र बहुत जागरूक एवं सजग हो जाता है। यह उम्र बहुत नाज़ुक भी होती है। इस उम्र में शारीरिक बदलाव भी शुरू हो जाते हैं। चेहरे पर चमक रहती है, शरीर में नई स्फूर्ति एवं ऊर्जा का संचार रहता है। स्कूल में काफी नए-नए मित्र बनते हैं। अधिकांश छात्र इस समय किसी-न-किसी प्रकार की कोचिंग/ट्यूशन भी शुरू कर लेते हैं। वहाँ लड़कियाँ एवं लड़के साथ-साथ पढ़ते हैं, एक-दूसरे से मित्रता एवं दोस्ती का दौर शुरू होता है।

दोस्तों को जानना, मिलना, समय साथ बिताना, बातचीत करना, साथ में खाना-पीना अच्छा लगता है, जीवन में नयापन जैसा आभास होता है। जीवन में नई उमंग, नई स्फूर्ति, नए उत्साह का संचार होता है और यही वह समय है जब छात्रों को अपने भविष्य निर्माण हेतु बहुत गम्भीरता से अपने लक्ष्य-प्राप्ति हेतु अध्ययनरत होने की आवश्यकता है। उन्हें स्वयं द्वारा निर्धारित लक्ष्य को प्राप्त करने हेतु कड़ी मेहनत करने की ज़रूरत है। अपने माता-पिता/अभिभावकों की आशाओं/अपेक्षाओं पर खरा उतरना है। उन्हें जीवन में कुछ करना है, कुछ अलग हटकर, कुछ विशिष्टता हासिल करनी है।

हमने लिखा था कि छात्र-जीवन एक ऐसा समय है, जब छात्र को एक मनीषी की तरह, तपस्वचर्यारत रहकर, बहुत संयम, धैर्य से अपने लक्ष्य संधारण की ओर अग्रसर होना है। यह सत्य है। वर्तमान युग न केवल एक प्रतिस्पर्द्धात्मक युग है, जिसमें छात्रों को मात्र मेहनत नहीं, बल्कि दूसरों से अधिक मेहनत की आवश्यकता है, बल्कि यह ऐसा युग भी है, जहाँ चारों तरफ गड्ढे ही गड्ढे हैं, अश्लीलता बिखरी पड़ी है, गलत राह पर चलने के सैकड़ों रास्ते हैं, बहुत फिसलन है,

लुभावनापन है, नयापन का पिशाच जैसा आकर्षण है। इस युग में जो छात्र अपने लक्ष्य-प्राप्ति हेतु स्वयं को झोंक देते हैं, वे किसी भी रूप में एक मनीषी, एक तपस्वी से कम नहीं हैं।

> ''जो सपने देखते हैं और उन्हें पूरा करने
> की कीमत चुकाने को तैयार रहते हैं,
> वे ही लोग सफल होते हैं।
> अपने मिशन में कामयाब होने के लिए
> आपको अपने लक्ष्य के प्रति
> एकाग्रचित्त होना पड़ेगा।'' *अब्दुल कलाम*

मौज-मस्ती या भविष्य निर्माण?

अधिकांश छात्र इस समय की कीमत, इस समय को व्यर्थ करने की कीमत समझ नहीं पाते। उन्हें पता ही नहीं होता कि इस समय को व्यर्थ करके वे क्या खो रहे हैं। गलत रास्ते पर चलकर कई छात्र ऐसी दलदल में फँस जाते हैं कि निकलना मुश्किल हो जाता है, निकल जाते हैं, तो अपनी स्वयं की निगाहों में गिर जाते हैं, अपना आत्मसम्मान खो देते हैं और उनका जीवन एक सामान्य व्यक्ति के जीवन से बहुत बदतर हो जाता है। आवश्यक है कि आज का युवा वर्ग व छात्र इस समय की कीमत को अच्छी तरह से समझे।

> "A man who dares to waste
> one hour of time has not
> discovered the value of life" *Charles Darwin*

सर्वप्रथम तो यह तय करें कि आप क्या चाहते हैं, दो-चार वर्ष की मौज-मस्ती या जीवनभर का सम्मानित जीवन। छात्र-जीवन में की गई मौज-मस्ती, कई बार कितनी महँगी पड़ती है, यह रोजाना

अखबारों में, चैनल्स की हेडलाइनों में देखने को मिल जाता है। रेव पार्टियों में, डान्स-बार में लड़के-लड़कियों का पुलिस द्वारा पकड़ा जाना, ड्रग का सेवन करते हुए पकड़ा जाना, कार पार्किंग में अश्लील हरकतें करते हुए पकड़ा जाना, अपनी गलत आवश्यकताओं की पूर्ति हेतु चोरी व छीना-झपटी जैसे अपराधों में संलिप्तता, ये सब मौज-मस्ती के अभिप्राय बन गए हैं। सिगरेट, चरस एवं दारू का सेवन तो बहुत सामान्य-सी बात हो गई है।

शादी से पूर्व सेक्स, छात्र-जीवन में सेक्स, ऐसी सामान्य-सी बात हो गई, जैसे भूख लगने पर नाश्ता कर लेना। हम जिस समाज में रह रहे हैं, हमारे परिवार की, हमारे समाज की कुछ मान्य वर्जनाएँ हैं, कुछ मान्य मर्यादाएँ हैं। उनका खुलेआम उल्लंघन करना आज के युवा छात्र वर्ग का जैसे शौक बन गया है।

यह एक अलग बात है कि इसके लिए कौन जिम्मेदार है? लेकिन यह बात सत्य है कि आज के युवा छात्र वर्ग को यह समझना होगा कि ये दो-चार वर्ष की छात्र-जीवन की मस्ती, उनके जीवन को, उनके भविष्य को पतन के गर्त में डुबो सकती है।

कहते हैं कि 'समय' ऐसी निधि है, जो एक बार व्यर्थ हो जाए, तो कभी वापस नहीं आ सकती। सही है छात्र-जीवन जैसा अनूठा, अद्भुत समय, यदि व्यर्थ कर दिया तो बस.... आपने क्या खो दिया, इसकी कोई कीमत नहीं बताई जा सकती है। इस बात को भी छात्र वर्ग को बहुत अच्छी तरह समझना चाहिए कि वे वस्तुत: किसका नुकसान कर रहे हैं।

क्या अपने माता-पिता के पैसों का? क्या मात्र अपनी पढ़ाई का? क्या अपने स्वास्थ्य का? या अपने अभिभावकों की आशाओं, अपेक्षाओं का?

सच बात तो यह है कि आप किसी का कुछ नुकसान नहीं कर रहे हैं, बस स्वयं के जीवन, स्वयं के भविष्य को बरबाद कर रहे हैं।

आप द्वारा किए गए कृत्यों के लिए आपकी आने वाली पीढ़ी आपको जिम्मेदार ठहराएगी। वो ही आपसे प्रश्न करेगी और वह दिन जीवन का सबसे खराब दिन होता है, जब व्यक्ति अपने परिवार के सदस्यों की नजरों में गिर जाता है और अपना सम्मान खो देता है।

जो छात्र इस समय अपने माता-पिता या अभिभावकों की आशाओं/ अपेक्षाओं को नकार रहे हैं.....

तो तैयार रहें, उन्हें अपनी आने वाली पीढ़ी को, अपना जवाब देना होगा।

कई छात्रों को यह कहते हुए सुना जा सकता है, ''अरे यार, मैं तो माँ-बाप को दिखाने के लिए, उनके लिए पढ़ रहा हूँ।'' हर छात्र को यह बात भी अच्छी तरह से दिमाग में बैठा लेनी चाहिए कि वह जो भी कर रहा है, केवल अपने लिए कर रहा है। माता-पिता या अभिभावक, पुत्र/पुत्री होने के नाते आपसे एक आशा/अपेक्षा रखते हैं, वह आशा भी आपके उज्ज्वल भविष्य के लिए ही होती है। वे अपने कर्त्तव्य को समझकर आपके लिए, अपना पेट काटकर, अपनी आवश्यकताओं में कटौती करके आपको, चाहे अनुसार पैसे भेजते हैं। वे स्वयं के लिए आपसे कुछ नहीं चाहते हैं, बस वे आपके उज्ज्वल भविष्य की कामना ही करते हैं।

अतः किसी भी छात्र का यह सोचना कि वह अपने माता-पिता के लिए कुछ कर रहा है, नितान्त अनुचित, भ्रामक एवं गलत सोच है।

''दो अक्षर का होता है लक्ष
ढाई अक्षर का होता है भाग्य
तीन अक्षर का होता है नसीब
साढ़े तीन अक्षर की होती है किस्मत
लेकिन ये सब चार अक्षर की
मेहनत से छोटे होते हैं।''

इन सबके लिए जिम्मेदार कौन?

यह बहुत विचारणीय बिन्दु है कि आज छात्र वर्ग या टीन ऐजर्स में व्याप्त हिंसक प्रवृत्ति, नैतिकता का ह्रास, आपराधिक गतिविधियों में संलिप्तता एवं चारित्रिक पतन के लिए जिम्मेदार कौन है? अधिकांश व्यक्ति युवाओं को ही इसके लिए जिम्मेदार ठहराकर उन्हें कोसते हैं। अभिभावक या माता-पिता भी अपने बच्चों के बदआचरण के लिए मात्र उन्हें ही जिम्मेदार समझकर उन्हें भला-बुरा कहते देखे-सुने जा सकते हैं।

थोड़ा गम्भीरता एवं ईमानदारी से सोचें, क्या हमारे घर-परिवार में नैतिकता की बातें होती हैं? क्या हम ईमानदारी से जीवन जी रहे हैं? क्या हम अवसरवादी नहीं हो गए हैं? क्या अभिभावकगणों का स्वयं का आचरण अनुकरणीय है? आज चारों तरफ व्याप्त अश्लीलता के लिए हम या हमारा समाज, हमारा प्रशासन एवं राजनेता जिम्मेदार नहीं हैं? हर तरफ, मीडिया में, चैनल्स में, फिल्मों में, इण्टरनेट पर, टीवी सीरियलों में, अख़बार के विज्ञापनों में दिखाई एवं परोसी जाने वाली अश्लील सामग्री पर न कोई सामाजिक रोक है और न ही कोई ठोस कानूनन रोक है।

सिगरेट एवं शराब हर पार्टी का अनिवार्य हिस्सा बन गए हैं। आज अधिकांश मध्यमवर्गीय परिवार के सदस्य शराब का स्वाद चख चुके हैं। शादी, विवाह, छोटी-मोटी पार्टी, बिना बीयर एवं शराब के अधूरी मानी जाने लगी है। ऐसे वातावरण में हम चाहते हैं कि हमारे बच्चे, आज का छात्र वर्ग नैतिक रूप से सही रहे, चरित्रवान रहे। वह आदर्श विद्यार्थी बने। यह अपेक्षा क्या सही है?

हमें इस कटु सत्य को भी स्वीकार करना होगा कि आज के छात्र वर्ग के नैतिक एवं चारित्रिक पतन के लिए, वातावरण में फैली हुई अनैतिकता, बेईमानी की प्रवृत्ति, येन-केन प्रकारेण कार्य करवाने की अभिलाषा, पैसे एवं प्रभुता के जोर से होने वाले हर कार्य की सिद्धि जिम्मेदार है। आज किसी भी प्रकार की आदर्श व्यवस्था,

आदर्श व्यक्तित्व का पूर्ण अभाव है। आज के अभिभावकों की व्यथा यह है कि वे बच्चों को यह बताने में असमर्थ हैं कि उन्हें कैसा आचरण करना चाहिए, उन्हें किसके जैसा बनना चाहिए।

आज अभिभावक बस यह समझते हैं कि उनका बच्चा अच्छा कमाए। यदि सरकारी नौकरी में किसी का बच्चा लग गया, तो आज के अभिभावक, बच्चों की सैलेरी बताते समय ऊपर की आमदनी भी बढ़ा-चढ़ाकर बताने में गौरव महसूस करते हैं। कैसी भयानक स्थिति है? और हम जिम्मेदार ठहराना चाहते हैं इन नौजवानों को, इस छात्र वर्ग को?

इस पर जब छात्र के दृष्टिकोण को ध्यान में रखकर सोचें तो पता चलेगा कि आज का छात्र बहुत भ्रमित-सा है। उसे विश्वास नहीं होता कि कठिन मेहनत या पढ़ाई से वह सफलता प्राप्त कर पाएगा या नहीं। इस भौतिकवादी युग में नैतिकता, ईमानदारी एवं सच्चाई की बातें करना नितान्त मूर्खता नजर आती है। कोई आदर्श व्यक्तित्व सामने नहीं दीखता है, कोई ऐसा मॉडल, छात्रों के सामने दृष्टिगत नहीं है, जिसे सामने रखकर वह अपने कदम बढ़ा सके। ऐसी परिस्थितियों में वह स्वयं को दिशाहीन महसूस करता है। कुछ कुंठित-सा भी पाता है-वह स्वयं को। समझ नहीं पाता कि क्या करे, कैसे करे?

भाग्यवादी लोग	कुछ होने का इन्तजार करते हैं।
कर्मयोगी	हर हाल में कुछ कर दिखाते हैं।
भाग्यवादी कहते हैं	समय से पहले, भाग्य से ज्यादा कुछ नहीं मिलता।
कर्मयोगी	हर युग में अपना भविष्य स्वयं लिखते हैं।

आखिर छात्र क्या करें?

यह सच है कि वर्तमान भौतिकवादिता के युग में
छात्र स्वयं को कुछ कुंठित, कुछ भ्रमित-सा पाता है,
लेकिन छात्रों को कैसी भी परिस्थिति हो आगे
बढ़ना ही है, सफल होना ही है,
यही उद्देश्य एवं लक्ष्य होना चाहिए।

सर्वप्रथम तो इस बात को बहुत अच्छी तरह से हर छात्र को समझ लेना चाहिए कि वह जिस कक्षा में भी पढ़ रहा है, उसकी पढ़ाई पूरे मन एवं लगन से करनी है। चाहे वह स्कूल का छात्र हो, कॉलेज का छात्र हो या प्राइवेट कोई कोर्स कर रहा हो या किसी प्रतियोगी परीक्षा की तैयारी कर रहा हो। पढ़ाई का कोई विकल्प नहीं है। आपको पढ़ाई भी पूरी करनी है एवं अच्छे अंक भी लाने हैं। सर्वप्रथम आपका लक्ष्य अच्छे अंकों से सफल होना है।

अच्छे अंक प्राप्त करने के लिए किसी भी अभीष्ट परीक्षा में सफल होने के लिए आपको स्वयं को इसके लिए तैयार करना होगा। अधिकांश छात्रों की समस्या होती है कि वे अपना कोई लक्ष्य तय नहीं करते हैं।

बस वे अभीष्ट परीक्षा में प्रवेश ले लेते हैं और थोड़ी-बहुत पढ़ाई करते रहते हैं, न कोई लक्ष्य निर्धारण करते हैं, न उन्हें उस परीक्षा के सम्बन्ध में पूरी जानकारी होती है, लेकिन चाहते अवश्य हैं कि उनके भी अच्छे अंक आएँ। जैसे-जैसे परीक्षा पास आती है, वे कुछ तैयारी शुरू कर देते हैं।

''परेशानियों से भागना आसान होता है,
हर मुश्किल जिन्दगी में एक इम्तिहान होता है,
हिम्मत हारने वाले को कुछ नहीं मिलता जिन्दगी में,
मुश्किलों से लड़ने वालों के कदमों में ही जहान होता है।''

ऐसे छात्र मात्र परीक्षा में पास होने हेतु आवश्यक न्यूनतम अंक लाने में तो सफल हो जाते हैं, लेकिन इसे सफल होना नहीं कहा जा सकता। सफल होने का मतलब हुआ कि आप अभीष्ट परीक्षा पास करने के बाद कोई करियर बनाने में सक्षम हो पाते हैं या आप द्वारा उस अभीष्ट परीक्षा में अर्जित अंकों के आधार पर किसी अन्य उच्चतम कोर्स हेतु आपका चयन हो सकता है या किसी काउन्सलिंग में उस परीक्षा में प्राप्त अंकों के आधार पर आप मनचाहा कोर्स लेने में सफल हो पाते हो। प्रश्न था कि आखिर छात्र क्या करें? जिससे वे अभीष्ट परीक्षा में अच्छे अंक लाने में सक्षम हो सकें। इसके लिए आवश्यक है कि छात्र को स्वयं को इस हेतु मानसिक रूप से तैयार करना।

हमने यह पाया है कि अधिकांश छात्र स्वयं को परीक्षा में अच्छे अंक लाने हेतु तैयार ही नहीं कर पाते हैं। उन्हें स्वयं पर यह विश्वास ही नहीं होता है कि वे अभीष्ट परीक्षा में अच्छे अंक प्राप्त कर सकते हैं। उनसे बात करने पर वे स्वयं की सफलता के लिए भाग्य या दुर्भाग्य की बात करते हैं या अजीब निराशा की बातें करते हैं। स्वयं की योग्यता या क्षमता पर उन्हें बिल्कुल भी विश्वास नहीं होता है। अपने उन साथियों को, जिनके अंक उनसे अधिक आते हैं, वे या तो उन्हें स्वयं से श्रेष्ठ समझते हैं या उन्हें वे भाग्यशाली समझते हैं। स्वयं पर विश्वास न होना, अपनी योग्यता या क्षमता पर विश्वास न होना छात्रों की सबसे बड़ी कमी होती है।

''कागज अपनी किस्मत से उड़ता है,
लेकिन पतंग अपनी काबिलियत से।
इसलिए किस्मत साथ दे न दे
काबिलियत जरूर साथ देती है।''

1. स्वयं पर विश्वास बनाएँ

किसी भी क्षेत्र में सफलता के लिए आवश्यक है कि आपको स्वयं पर विश्वास होना चाहिए। आत्मविश्वास सफलता की प्रथम शर्त है। आप किसी भी परीक्षा की तैयारी करना चाहते हैं। आपको यह विश्वास होना चाहिए कि आप उस परीक्षा में सफल हो सकते हैं। यदि यह विश्वास आप में नहीं है, तो आप उस परीक्षा हेतु पूर्ण मनोयोग से तैयारी नहीं कर पाएँगे।

भारतीय प्रशासनिक सेवा (IAS) में हर वर्ष हजारों छात्र ऐसे होते हैं, जो जोश-जोश में परीक्षा फॉर्म तो भरकर भेज देते हैं, लेकिन न वे तैयारी हेतु जुट पाते हैं न वे परीक्षा ही देने जाते हैं। इसी प्रकार की स्थिति IIT, CAT, GMAT जैसी अन्य उत्कृष्ट परीक्षाओं में देखने को मिलती है। आत्मविश्वास एक ऐसा बल है, जो व्यक्ति को असम्भव दिखने वाले कार्य को भी सम्भव करने हेतु योग्य बनाता है। हर सफल व्यक्ति में आत्मविश्वास कूट-कूट कर भरा होता है। यह कभी नहीं सोचें कि आप अन्य से तुच्छ हैं या आपकी योग्यता, क्षमता अन्य से कमतर है।

ऐसी दीनता, हीनता को स्वयं से दूर रखें, स्वयं पर विश्वास बनाएँ, साहसी बनें, संकल्पित होएँ एवं अपनी समस्त योग्यता, क्षमता को एकजुट करें, अपने लक्ष्य को प्राप्त करने हेतु आप देखेंगे कि आपको दिखाई देने वाली रास्ते की अड़चनें, कठिन परिस्थितियाँ न जाने कहाँ लुप्त हो जाती हैं या आपके आत्मविश्वास के सम्मुख नतमस्तक हो जाती हैं।

''जब लोहे का काम करके कोई 'टाटा'
और जूतों का काम करके कोई 'बाटा'
बन सकता है, तो फिर
आप निठल्ले क्यों बैठे हैं?''

2. पूर्ण मनोयोग से तैयारी करें

आप जिस अभीष्ट परीक्षा हेतु तैयारी कर रहे हैं, उसमें पूरी ईमानदारी से जुट जाएँ। पूरे मनोयोग से, अपनी क्षमतानुसार तैयारी करें। तैयारी समय पर प्रारम्भ करें। बहुत से विद्यार्थी परीक्षा का आवेदन-पत्र भरने के बाद, अपनी तैयारी शुरू करते हैं। बहुत से विद्यार्थी, परीक्षा का टाइम-टेबल आने के बाद अपनी तैयारी शुरू करते हैं। बहुत से विद्यार्थी उस परीक्षा हेतु पहले से ही तैयारी में लिप्त रहते हैं एवं वे इन्तजार करते हैं कि कब उस परीक्षा के फॉर्म भरे जाएँगे...।

अब आप स्वयं कल्पना करें कि उक्त तीनों प्रकार के विद्यार्थियों में से वास्तव में, सफलता किसे मिलनी चाहिए?

आपका निर्णय भी वही होगा जो हम सोचते हैं कि वह विद्यार्थी जो परीक्षा का आवेदन भरने से पहले से ही उस अभीष्ट परीक्षा की तैयारी में लिप्त है, उसे सफल होने से कौन रोक सकता है? यही अर्थ है पूर्ण मनोयोग से तैयारी करने का। इस प्रकार से तैयारी करने के कई लाभ हैं। आप परीक्षा के तनाव से मुक्त रहते हैं। आपको तैयारी करने हेतु पूरा समय मिलता है। आप वह सब भी तैयार कर पाते हैं, जो अन्य विद्यार्थी समयाभाव के कारण छोड़ देते हैं। आप आराम से रिवीजन भी कर पाने में सक्षम होते हैं।

> *"जो सपने देखने की हिम्मत रखते हैं,*
> *वो पूरी दुनिया जीत सकते हैं।"* — धीरूभाई अम्बानी

जब कोई विद्यार्थी इस प्रकार से पहले से ही किसी अभीष्ट परीक्षा की तैयारी हेतु जुट जाता है, तो उसका आत्मविश्वास, अन्य से बेहतर होता है। वह कई प्रकार की गाइड्स के माध्यम से, अपनी योग्यता, क्षमता में वृद्धि कर सकता है। आवश्यकता महसूस करे, तो किसी से ट्यूशन ले सकता है या किसी श्रेष्ठ कोचिंग संस्थान में प्रवेश लेकर स्वयं के ज्ञान का अन्य के सन्दर्भ में आकलन कर सकता है।

आधे मन से की गई तैयारी से कभी पूर्ण सफलता नहीं मिल सकती है। बहुत से विद्यार्थी, कई परीक्षाओं हेतु तैयारी करते हैं, लेकिन पूरी तैयारी किसी भी परीक्षा की नहीं कर पाते हैं। ऐसी स्थिति में वे औसत अंक ही ला पाते हैं तथा सफलता के अन्तिम दौर में अधिकांशतया ऐसे छात्रों को निराशा ही हाथ लगती है।

3. तैयारी पूरी करें

तैयारी पूरी करें, इस बिन्दु का क्या अर्थ है? इस बिन्दु का अर्थ है कि आपकी तैयारी, आपकी योग्यता या क्षमता के अनुसार, इस प्रकार की होनी चाहिए कि आपके मन में यह बात नहीं रहे कि कुछ दिन या सप्ताह का समय और मिल जाता, तो इसकी तैयारी और अच्छी तरह की जा सकती थी।

परीक्षा की तिथि के पास आते-आते, अधिकांश विद्यार्थी इसी उधेड़बुन में रहते हैं कि क्या छोड़ दें, क्या पढ़ें? वे तय नहीं कर पाते कि इतने कम समय में वे सारे कोर्स को कैसे पूरा करें। बार-बार ये ही कहते सुना जाता है कि थोड़ा समय और मिल जाता तो ढंग से रिवीजन हो जाता या बचा हुआ कोर्स पूरा हो जाता। पूर्ण तैयारी के अभाव में वे पूर्ण आत्मविश्वास से परीक्षा हेतु तैयार नहीं हो पाते हैं।

पूर्ण तैयारी के लिए आवश्यक है, पूर्ण लगन से अनुशासनबद्ध होकर, योजना बनाकर, समय प्रबन्धन करते हुए अभीष्ट परीक्षा के अनुरूप स्वयं को तैयार करना। अन्त समय में रात-रात भर जाग कर पढ़ाई करने से, खाना-पीना छोड़कर पढ़ाई करने से, तैयारी पूरी नहीं होती है। आप ऐसे बहुत से विद्यार्थियों से परिचित होंगे, जो जैसे-जैसे परीक्षा की तिथि पास आती है वैसे-वैसे बहुत गम्भीर होते जाते हैं। रात-रात भर पढ़ने का उपक्रम करते हैं। खाना भी बहुत

कम खाने लग जाते हैं, उनकी दैनिकचर्या बदल जाती है, कई विद्यार्थी तो परीक्षा के दिनों में पलंग पर न सोकर जमीन पर दरी बिछाकर सोना शुरू कर देते हैं। ऐसा करने से वे परीक्षा के तनाव से घिर जाते हैं। कई छात्र परीक्षा के दिनों में बीमार पड़ जाते हैं। अजीब मानसिक सुषुप्तता का शिकार हो जाते हैं। इन सब का कारण है कि ऐसे विद्यार्थियों की महत्त्वाकांक्षा तो बहुत ऊँची होती है, लेकिन उस महत्त्वाकांक्षा को पूर्ण करने हेतु जितनी तैयारी की जरूरत होती है, वह नहीं कर पाते हैं।

इस बात को छात्र को अच्छी तरह समझ लेना चाहिए कि पूर्ण तैयारी के लिए, उन्हें अनुशासनबद्ध होकर, धैर्य से योजना बनाकर, समय से तैयार होना आवश्यक है। पूर्ण सफलता के लिए आवश्यक है— पूरी तैयारी।

4. योजनाबद्ध तैयारी करें

आप जिस अभीष्ट परीक्षा में सफल होना चाहते हैं, उसके लिए योजना बनाएँ। अपनी योग्यता, क्षमता का आकलन करें। देखें कि जिस परीक्षा हेतु आप तैयार हो रहे हैं, उसमें कौन-कौन से विषय सम्मिलित हैं? आपको कौन-सा विषय कठिन एवं कौन-सा विषय सरल महसूस होता है? आप किस विषय में स्वयं को सहज महसूस करते हैं एवं किस विषय में आपको कमजोरी महसूस होती है? यह आकलन पूरी ईमानदारी से करें? क्योंकि इसी आकलन पर आपकी सफलता निर्भर करती है। आप द्वारा बनाई जा रही योजना में उक्त

आकलन सबसे अहम् भूमिका निभा सकता है, बहुत से छात्रों को गणित के प्रश्नों में समस्या नहीं होती, लेकिन Data interpretation में या Graphical questions को Solve करने में कठिनाई महसूस होती है। बहुत-से विद्यार्थियों की English vocabulary बहुत कमजोर होती है, तो बहुत से विद्यार्थियों को Grammatical questions, Solve करने में समस्या आती है। बहुत से विद्यार्थियों को Economical analysis या Commerce से सम्बन्धित प्रश्न बहुत कठिन महसूस होते हैं।

आप जब योजना बनाकर अध्ययन प्रारम्भ करेंगे, तो सर्वप्रथम यह देखने की आवश्यकता होगी कि उस परीक्षा का Syllabus क्या है? Syllabus में जो Course निर्धारित है, उसमें आपकी रुचि कैसी है, आपको कौन–सा विषय सरल एवं कौन–सा कठिन लगता है? प्रश्न-पत्रों का स्तर क्या रहता है? आपको इस बात की अवश्य जानकारी होगी कि भारतीय प्रशासनिक सेवा या किसी भी राज्य की प्रशासनिक सेवा परीक्षा में योग्यता तो स्नातक ही माँगी जाती है, लेकिन प्रश्न-पत्र का स्तर Post-graduation का रहता है।

ऐसी स्थिति में स्नातक की परीक्षा पास करने के बाद यदि आप ऐसी किसी परीक्षा में Appear होने जा रहे हैं, तो आपकी तैयारी प्रश्न-पत्र के स्तर के अनुरूप होनी आवश्यक है।

योजना बनाते समय परीक्षा से पूर्व रिवीजन करने हेतु आवश्यक समय की जरूरत का भी ध्यान रखें। यदि आप नोट्स बनाकर पढ़ना उचित समझते हैं, तो नोट्स बनाने में लगने वाले समय का भी उचित आकलन अवश्य करें। इन सबके अतिरिक्त आपको किसी विषय के

ट्यूशन की जरूरत है या नहीं, इस पर विचार करें। आजकल बहुत से छात्र परीक्षा विशेष हेतु कई संस्थाओं द्वारा चलाई जा रही कोचिंग में भी प्रवेश लेना आवश्यक समझते हैं। कई कोचिंग संस्थान बहुत अच्छे अध्यापकों द्वारा परीक्षा विशेष की कोचिंग कराते हैं, वहाँ प्रवेश लेने से छात्रों को लाभ मिल सकता है। आप द्वारा बनाई जा रही योजना में आपको हर विषय को पूर्ण करने हेतु समय का निर्धारण करना होगा तथा उस समय में उस विषय को पूरा करना भी होगा।

योजना में आकस्मिकताओं का भी ध्यान रखें। आप कभी बीमार भी पड़ सकते हैं, घर में कोई समस्या भी आ सकती है, अन्य किसी घटना/दुर्घटना में आपका समय व्यय हो सकता है। इन सब आकस्मिकताओं का ध्यान रखकर योजना बनाने से सफलता की सम्भावना बहुत बढ़ जाती है।

"जिस व्यक्ति ने कभी गलती नहीं की
उसने कभी कुछ नया करने की कोशिश नहीं की।"

5. परीक्षा के अनुरूप तैयारी करें

सफलता के लिए आवश्यक है कि विद्यार्थी परीक्षा के अनुरूप अपनी तैयारी करें। परीक्षा में यदि वस्तुनिष्ठ (Objective) प्रश्न आते हैं, तो आपकी तैयारी उसके अनुरूप होनी चाहिए। यदि परीक्षा में वर्णनात्मक (Descriptive) प्रश्न आते हैं, तो आपकी तैयारी उसी अनुसार होनी चाहिए। कई परीक्षाओं में प्रश्न के उत्तर 20 शब्दों में, एक या दो लाइनों में तथा 50 या 100 शब्दों में देने को कहा जाता है, तो आपको उस परीक्षा की तैयारी करते समय इस बात का ज्ञान होना चाहिए एवं आपको तदनुसार ही तैयारी करनी चाहिए। कई प्रश्न-पत्रों में किसी विषय पर 200 से 500 शब्दों में निबन्ध लिखने को कहा जाता है, तो आप द्वारा तैयारी करते समय इस बात को ध्यान में रखना होगा कि आप उस विषय से सम्बन्धित सभी महत्त्वपूर्ण बिन्दुओं का समावेश दी गई शब्द सीमा में कर सकें।

कई परीक्षाओं में संक्षिप्तीकरण (Precis) करने को कहा जाता है, तो आपको Precis कैसे की जाती है, किस प्रकार अपने शब्दों में दिए गए Paragraph का सार, दी गई शब्द सीमा में करना आना चाहिए।

हमने देखा है कि कई बार परीक्षा का Trend एकदम से बदल दिया जाता है; जैसे—लगातार कई वर्षों से किन्हीं Lessons में से प्रश्न आते रहते हैं और किसी Lesson में से कभी प्रश्न पूछे ही नहीं जाते हैं, तो छात्र अपनी तैयारी इसी अनुसार करते हैं। ऐसी स्थिति में यदि परीक्षा का Trend बदल जाता है, तो सब कुछ उल्टा हो जाता है।

जिन Lessons में से हर वर्ष प्रश्न आते हैं, उनमें से कुछ भी नहीं पूछा जाता और जिन Lessons में से कभी पूछा ही नहीं गया, उनमें से प्रश्न पूछ लिए जाते हैं। हमारा कहना है कि विद्यार्थियों को ऐसी आकस्मिकताओं का अवश्य ध्यान रखना चाहिए। पिछले कुछ वर्षों का Trend ही इस बार भी Repeat हो जाए, यह जरूरी नहीं है।

पिछले वर्षों के प्रश्न-पत्र से आपको परीक्षा के Trend का पता चलता है, लेकिन आपकी तैयारी इस प्रकार होनी चाहिए कि चाहे कुछ भी हो जाए, आपके अंक तो अच्छे आने ही चाहिए।

कई परीक्षाओं में Objective questions में Graphs वगैरह देकर प्रश्न पूछे जाते हैं। इसी प्रकार कई परीक्षाओं में कुछ प्रश्न अधिक अंकों के एवं कुछ प्रश्न कम अंकों के होते हैं। परीक्षा देते समय अधिक अंकों के प्रश्नों को पहले Solve करना चाहिए।

उक्त सब बातों का अर्थ यह है कि आपकी तैयारी परीक्षा के अनुरूप होनी चाहिए।

सफलता का रहस्य : जो भी कार्य करने के लिए हमारे सामने है, उसे सबसे सुन्दर ढंग से करने का प्रयत्न करें, इतने अच्छे ढंग से कि उससे अधिक ढंग से करना अन्य किसी के लिए भी सम्भव न हो।

6. नियमित अध्ययन करें

किसी भी परीक्षा में अच्छे अंक लाने के लिए आवश्यक है कि उस परीक्षा हेतु नियमित अध्ययन किया जाए। अपना टाइम-टेबल बना लें एवं उस टाइम-टेबल के अनुरूप प्रतिदिन अध्ययन का प्रयास करें। इससे आप में स्वयं को अनुशासित रखने की प्रवृत्ति जागृत होगी।

स्वअनुशासन जीवन की प्रगति का मूल मन्त्र है।

अधिकांश छात्र बिना किसी टाइम-टेबल के अध्ययन करते हैं, जिससे किसी विषय पर अधिक एवं किसी विषय पर कम समय दिया जाता है। नियमित अभ्यास एवं नियमित अध्ययन के लिए समयबद्धता का बहुत महत्त्व है। स्वयं द्वारा तय किए गए प्रोग्राम के अनुसार कार्य पूर्ण करने से आप में स्वयं की कार्यक्षमता एवं योग्यता में विश्वास बढ़ता है।

बहुत से छात्र पहले तो मटरगश्ती करते रहते हैं एवं सोचते हैं कि बहुत समय पड़ा है, पढ़ाई कर लेंगे। ऐसा सोचने वाले छात्र, जब परीक्षा सर पर आ जाती है, तो दिन-रात एक करके पढ़ाई शुरू करते हैं, जिससे किसी विषय में, कोई टॉपिक छूट जाता है या जान-बूझकर उसे महत्त्वहीन समझकर छोड़ देते हैं। ऐसा करने से वह छात्र उन छात्रों की बराबरी कैसे कर सकता है, जो नियमित रूप से काफी समय पूर्व से बहुत धैर्यपूर्वक पढ़ाई कर रहे हैं।

नियमित अध्ययन से आप कठिन-से-कठिन परीक्षा में अच्छे अंक प्राप्त कर सकते हैं। नियमित अध्ययन से आपमें आत्मविश्वास की

अदम्य ऊर्जा का संचार होता है, जो आपको जीवन में आगे बढ़ाने में अहम् भूमिका का निर्वाह करता है।

> ''शरीर, मन एवं मस्तिष्क की सम्पूर्ण
> क्षमताओं का, सही दिशा में उपयोग,
> असामान्य उपलब्धियों की प्राप्ति
> में बहुत महत्त्वपूर्ण होता है।''

7. स्वयं को सुव्यवस्थित रखें

एकाग्र बनाने हेतु स्वयं को सुव्यवस्थित रखना आवश्यक है। आपने स्वयं महसूस किया होगा कि जब आपकी किताबें, कॉपियाँ, स्टडी टेबल सुव्यवस्थित हैं, तो आप स्वयं को शान्तचित्त महसूस करेंगे। आप पढ़ना चाहेंगे, तो एकाग्रता बनाने में आपको सुविधा होगी और इसके विपरीत आपकी स्टडी टेबल, आपका स्टडी रूम यदि बिखरा हुआ है, किताबें इधर-उधर हैं, चारों तरफ अस्त-व्यस्तता (अधिकांश छात्रों की हालत ऐसी ही होती है) सी है, तो आप स्वयं को भी कुछ अन्यमनस्क जैसा महसूस करेंगे एवं पढ़ाई करने जैसा माहौल नहीं लगेगा। थोड़ा-सा अनुशासन आपको सुव्यवस्थित रहने में मददगार होगा।

अस्तव्यस्त रहने का एक बड़ा नुकसान यह भी होता है कि आप किसी कॉपी या किताब को तलाश करना चाहते हैं, तो वह मिलती नहीं है। सामने पड़ी हुई कॉपी-किताब दिखाई नहीं देती। आपका काफी समय व्यतीत हो जाता है।

आप स्वयं पर खीज जाते हैं। ऐसी स्थिति में आप कुछ भी पढ़ना चाहते हैं, तैयारी करना चाहते हैं, तो वह सम्भव नहीं हो पाता है, इसलिए छात्र के लिए आवश्यक है कि वह स्वयं को सुव्यवस्थित बनाए रखे।

8. परीक्षा के दिनों में तनावमुक्त रहें

किसी भी परीक्षा में सफलता के लिए आवश्यक है कि छात्र तनावमुक्त रहें। देखा गया है कि छात्र सारे वर्ष मेहनत करता है एवं जैसे-जैसे परीक्षा का समय पास आता जाता है, वह तनावग्रस्त होने लगता है। उसे अजीब-सी चिन्ता सताने लगती है; जैसे—यदि मैं असफल हो गया तो क्या होगा? मेरे माता-पिता क्या सोचेंगे? मेरे दोस्त मेरे से आगे हो जाएँगे, इत्यादि!

परीक्षाकाल में थोड़ा-बहुत तनाव होना, तो एक प्राकृतिक बात है, लेकिन यदि तनाव इस हद तक बढ़ जाए कि रात को नींद नहीं आए, भूख नहीं लगे, पेट खराब रहने लगे, सिर में नियमित दर्द रहने लगे एवं अजीब-सा डर लगने लगे, तो आपको स्वयं को चेक करने की आवश्यकता है, अन्यथा आपकी सारे वर्ष की मेहनत खराब हो सकती है।

असफलता का भय तनाव का बड़ा कारण है। इस सम्बन्ध में हम यहाँ केवल यह कहना चाहते हैं कि आप अपनी ओर से पूरी मेहनत करें, पूरी तैयारी करें और सब ईश्वर पर छोड़ दें। वैसे भी आप मेहनत करने के अतिरिक्त कर भी क्या सकते हैं?

कई बार जब किसी कारण से, किन्हीं आकस्मिकताओं के कारण, छात्र का कुछ समय व्यर्थ हो जाता है, तो भी उस कारण ज्यादा चिन्ता करने की, चिन्ता में घुलने की, निराश होने की, अवसादग्रस्त होने की आवश्यकता नहीं है, क्योंकि आकस्मिकताएँ तो हमारे हाथ की बात नहीं हैं। बस आपके पास जो समय है, उसको व्यर्थ की चिन्ता करके बर्बाद नहीं करें। सब कुछ अच्छा होगा।

कई बार छात्र का एक पेपर खराब होने से वह अन्य पेपर नहीं देने का निर्णय कर लेता है और जो पेपर आपका खराब हो गया, वह आउट हो जाता है या यूनिवर्सिटी कई कारणों से उस पेपर में ग्रेस मार्क्स दे देती है, तो छात्र द्वारा अन्य पेपर्स न देने का लिया गया निर्णय नितान्त बेवकूफी हो गई न। यदि कोई पेपर खराब भी हो गया तो इसके कारण तनावग्रस्त न हों एवं अन्य पेपर्स सामान्य रूप से दें।

परीक्षा के दिनों में आपको अधिक ऊर्जावान रहने की आवश्यकता है, पूरी तरह स्वस्थ रहने की आवश्यकता है।

याद रखें *आपको प्राप्त होने वाले अंक, आप द्वारा परीक्षा में हल किए गए प्रश्नों के आधार पर मिलते हैं न कि आप द्वारा की गई मेहनत के आधार पर।*

आपने कितनी भी मेहनत की हो, यदि आप परीक्षा में अस्वस्थ होने के कारण या तनावग्रस्त होने के कारण ठीक तरह से पेपर्स नहीं दे पाए, तो आपको कम ही अंक मिलेंगे।

परीक्षा के दौरान, परीक्षा के दिनों में तनावमुक्त होना, रहना, उतना ही आवश्यक है, जितना पूरी मेहनत से तैयारी करना।

"सफल एवं असफल व्यक्तियों की क्षमता
एवं योग्यता बाह्य रूप से देखने पर
एक जैसी दिखाई पड़ती हैं, लेकिन
लक्ष्य-प्राप्ति हेतु उनका प्रयास,
दृढ़ता एवं आत्मविश्वास, उनमें
जमीन-आसमान का अन्तर ला देता है।"

आदर्श छात्र

* * *

कठिनाइयों की चादर लपेटकर पलने-बढ़ने वाले
लोग बड़े-बड़े कारनामे करते देखे जाते हैं,
पर जिनका पालन फूलों के पालने में हुआ है,
उन्हें जमीं पर पैर रखते ही मानो चुभन-सी होती है।
वे कठिनाइयों का भला क्या सामना करेंगे।

* * *

आदर्श छात्र के लक्षण

प्राचीन काल में मनीषियों ने एक आदर्श विद्यार्थी के लक्षणों को संस्कृत के निम्न दोहे में बखूबी सँवारा है

काक चेष्टा, बकोध्यानम्-श्वान निद्रा तथैव च।
अल्पाहारी, गृहत्यागी विद्यार्थी पंचलक्षणम्।।

एक आदर्श विद्यार्थी में निम्न पाँच लक्षणों को सर्वाधिक महत्त्वपूर्ण माना गया है

1. काक चेष्टा

प्रथम लक्षण, कौवे जैसा प्रयत्नशील एवं लगनशील होना। जिस प्रकार कौवा आसमान में उड़ते समय भी अपनी दृष्टि, अपनी आवश्यकता की वस्तु पर निगाह रखने हेतु प्रयत्नशील रहता है, उसी प्रकार एक विद्यार्थी को कौवे की तरह सजग एवं सचेष्ट रहना चाहिए। वर्तमान समय में यह लक्षण और भी महत्त्वपूर्ण हो गया है।

जिस प्रकार आजकल प्रतिस्पर्द्धा बढ़ती जा रही है, छात्र को आस-पास, राज्य, राष्ट्र एवं अन्तर्राष्ट्रीय स्तर पर हो रही घटनाओं के प्रति सचेष्ट एवं जाग्रत होने की आवश्यकता है, साथ ही पूर्ण लगन एवं मेहनत से अपने लक्ष्य-प्राप्ति की ओर कदम बढ़ाते रहने की भी आवश्यकता है। मात्र किताबों की पढ़ाई से काम नहीं चलता है। एक जाग्रत विद्यार्थी कुछ समय अख़बार भी पढ़ता है, दूरदर्शन पर समाचार भी सुनता है।

प्रथम लक्षण, जाग्रत रहो, प्रयत्नशील रहो एवं अपने लक्ष्य के प्रति पूरी तरह संवेदनशील रहो। यह आज विद्यार्थी की सफलता हेतु प्रथम आवश्यकता है।

2. बकोध्यानम्

बको अर्थात् बगुला। बगुले को देखा है, वह पानी में एक पैर से खड़ा रहता है एवं उसका समस्त मस्तिष्क एवं ध्यान केन्द्रित रहता है, उसके पास से निकलने वाली मछलियों पर। जैसे ही कोई मछली पास में आई, वह तुरन्त उसे झपट्टा मारकर अपनी चोंच में दबा लेता है एवं पुन: ध्यानस्थ हो जाता है।

मनीषियों द्वारा एक आदर्श छात्र में अपनी सफलता या इच्छित लक्ष्य-प्राप्ति हेतु बगुले जैसी तपस्वर्या एवं ध्यान लगाने के लक्षण को दूसरा महत्त्वपूर्ण लक्षण माना गया है।

सच भी है, सफलता हेतु तपस्वर्या एवं साधना की जरूरत है एवं पूर्ण एकाग्रता से, अपना ध्यान अपने लक्ष्य को प्राप्त करने हेतु लगाने की भी जरूरत है।

आजकल विद्यार्थियों में आपस में जितनी प्रतिस्पर्द्धा हो गई है, उससे हर छात्र दूसरे से आगे बढ़ना चाहता है। छात्र विभिन्न प्रकार के ट्यूशन एवं कोचिंग में काफी राशि व्यय करते हैं। ऐसी स्थिति में सफलता के लिए आवश्यक है कि आप पूरी योग्यता, क्षमता का उपयोग, पूर्ण मनोयोग से अपने लक्ष्य की प्राप्ति की दिशा में करें। बगुले से हमें साधना, तपस्वर्या, एकाग्रता एवं लक्ष्य-प्राप्ति के प्रति पूर्ण लगनशील रहने की प्रेरणा मिलती है।

"अकर्मण्यता, अन्यमनस्कता,
उदासीनता एवं नैराश्य को त्यागकर,
ऊँचे उठने को संकल्पित होकर आगे
बढ़ने पर आप में आत्मविश्वास,
आत्मसम्मान, साहस एवं कर्मठता
जैसे गुणों का प्रादुर्भाव
स्वत: ही होता है।"

3. श्वान निद्रा

तीसरा महत्त्वपूर्ण लक्षण, श्वान निद्रा अर्थात् कुत्ते जैसी निद्रा। विद्यार्थी को कुत्ते से हमेशा जाग्रत अवस्था में रहने की प्रेरणा लेनी चाहिए। कुत्ता सोते समय भी जाग्रत जैसी अवस्था में रहता है, थोड़ी-सी आहट पर वह तुरन्त जाग जाता है।

आजकल विद्यार्थी कुम्भकर्ण जैसी निद्रा में सोते हैं। कई विद्यार्थी तो अपनी दिनचर्या ऐसी बना लेते हैं कि सुबह 11-12 बजे तक सोते रहते हैं। पूछें तो पता चलेगा कि वे रात को पढ़ रहे थे। कई विद्यार्थी तो नींद के कारण परीक्षा में देर से पहुँचते हैं। कुत्ता अपने आलस्यहीन स्वभाव के लिए जाना जाता है।

आलस्य एक ऐसा दुर्गुण है, जो आपको कोई भी कार्य समय पर पूरा करने से रोकता है। छात्र को आलस्य से दूर रहना चाहिए, अपने आस-पास हो रही घटनाओं के प्रति जाग्रत एवं सावधान रहना चाहिए तथा सतर्क रहकर अपने लक्ष्य की पूर्ति हेतु तत्पर रहना चाहिए। छात्र की नींद सीमित होनी चाहिए। अधिक नींद सात्त्विक नहीं होती एवं अस्वस्थता की निशानी होती है। एक अच्छे एवं सच्चे विद्यार्थी को हमेशा सावधान, जाग्रत तथा सीमित नींद लेने वाला होना चाहिए।

4. अल्पाहारी

चतुर्थ महत्त्वपूर्ण लक्षण, अल्पाहारी होना। विद्यार्थी जीवन एक तपस्चर्या की तरह है, जिसमें विद्यार्थी को बहुत संयम से, पूर्ण लगन से केवल ज्ञान अर्जन में ही प्रवृत्ति बनी रहे, ऐसा सुप्रयास करना है। अधिक भोजन से व्यक्ति में आलस्य, प्रमाद एवं अहंकार के भाव

उत्पन्न होते हैं। वैसे तो सभी व्यक्तियों को अल्पाहारी होना चाहिए, लेकिन विद्यार्थियों को न केवल अल्पाहारी होने की जरूरत है, बल्कि भोजन सात्विक भी होना चाहिए।

बहुत से छात्र, विद्यार्थी जीवन में अण्डा, मांस एवं अन्य प्रकार के तामसिक एवं राजसी भोजन का शौक पाल लेते हैं। वे इस बात को नहीं समझते कि विद्यार्थी जीवन में संयम एवं सात्विकता, आपकी सफलता के लिए बहुत महत्त्वपूर्ण है। तामसिक एवं अधिक भोजन से व्यक्ति में कुसंग एवं चरित्रहीनता की प्रवृत्ति जाग्रत होती है। विद्यार्थी अपने मार्ग से च्युत होकर इधर-उधर मुँह मारने लगता है। आपराधिक गतिविधियों में लिप्त पाए जाने वाले अधिकांश विद्यार्थी मांसभक्षी एवं विभिन्न प्रकार के नशा करने के आदी पाए जाते हैं।

छात्र-जीवन एक ऐसा समय होता है, जिसमें आपको स्वयं को अपने जीवन के निर्माण हेतु बहुत संयमित एवं सादगीपूर्ण जीवन व्यतीत करने की आवश्यकता है, इसीलिए अल्पाहार एवं सात्विक आहार दोनों ही एक आदर्श विद्यार्थी के सद्गुण माने गए हैं।

"छात्र-जीवन में सरलता एवं सादगी आपके चरित्रवान बने रहने, ईमानदारी अपनाने एवं सन्मार्ग पर अग्रसर होने के लिए आवश्यक है।"

5. गृहत्यागी

हमने बार-बार एक बिन्दु पर जोर दिया है कि विद्यार्थी जीवन तपस्चर्या की तरह है। गृहत्याग का अर्थ अपने घर को त्याग देना नहीं है, बल्कि घर में उपलब्ध ऐश एवं आराम का त्याग करना है। पूर्ण ब्रह्मचर्य की पालना करते हुए घर की मोह-माया से स्वयं को विलग रखते हुए, अपने लक्ष्य को ध्यान में रखते हुए अग्रसर होना है। विद्यार्थी जीवन एक ऐसा अनूठा समय होता है, जब उसे स्वयं

को गलत आदतों, गलत रास्तों से बचाते हुए, पूर्ण मेहनत से सफल होना होता है। आज के समय में जब अश्लीलता चारों तरफ बिखरी हुई है, संयमित जीवन जीना और अपने लक्ष्य का संधारण करना किसी भी रूप में किसी ऋषि-मुनि से कम तपस्चर्या का कार्य नहीं है।

> ''अनुशासन, संयम एवं सात्विकता मानव
> में ईश्वरीय ऊर्जा का संचार करते हैं
> एवं जीवन में सफलता की राह को
> सुगम बनाते हैं।''

पुरातन काल में विद्यार्थियों की शिक्षा-दीक्षा गुरुकुलों में होती थी। उस समय ऋषि-मुनियों द्वारा स्वयं कठोर अनुशासन का पालन किया जाता था। वातावरण में सात्विकता, अनुशासन, ब्रह्मचर्य एवं बुजुर्गों के प्रति असीम आदर की भावना का संचार रहता था, लेकिन आज स्थितियाँ पूरी तरह विपरीत हो गई हैं। शिक्षा का व्यवसायीकरण हो चुका है, सब कुछ पैसे से खरीदा जा सकता है। ऐसी स्थिति में विद्यार्थियों को वातावरण की दुर्गन्ध से दूर हटकर बहुत संयमित जीवन जीने की जरूरत है।

गृहत्याग का अर्थ घर में उपलब्ध सुख के सभी साधनों से दूर रहकर, संयमित जीवन जीते हुए अपने लक्ष्य संधारण का एकमात्र उद्देश्य सामने रखकर पूर्ण लगन से कड़ी मेहनत करते हुए सफलता की ओर अग्रसर होना है।

> ''दुनिया का हर शौक पाला नहीं जाता
> काँच के खिलौनों को उछाला नहीं जाता
> मेहनत करने से मुश्किलें हो जाती हैं आसान
> क्योंकि हर काम तकदीरों पर टाला नहीं जाता।''

सफलता ही एकमात्र उद्द्देश्य

* * *

जीवन में श्रेष्ठ स्तर हासिल करने के लिए आपका दृढ़ संकल्पित होना आवश्यक है। बिना दृढ़ इच्छाशक्ति के आप अपने प्रयासों को, अपने लक्ष्य की प्राप्ति हेतु एकजुट नहीं कर सकते।

हौसले बुलन्द हों, तो उड़ान कितनी लम्बी है, इसका डर नहीं होता।

* * *

सफलता हेतु आठ अनिवार्य तत्त्व

अपनी बेसिक्स सुधारें

किसी भी परीक्षा में अच्छे अंक लाने की प्रथम शर्त है कि आपकी Basics अर्थात् उस परीक्षा में शामिल विषयों का Basic ज्ञान आपको होना चाहिए। मात्र रटकर या सतही ज्ञान से अच्छे अंक प्राप्त करना सम्भव नहीं हो पाता है।

जो छात्र किसी परीक्षा में टॉपर आते हैं या जिन्हें हम सफल छात्रों की श्रेणी में शुमार करते हैं, उनसे इस सम्बन्ध में विचार-विमर्श करें, तो पता चलेगा कि उनकी सफलता का राज, उनके विषयों के सम्बन्ध में Basics/Fundamentals का पूर्ण ज्ञान होना है।

मात्र सतही पढ़ाई से या रटकर परीक्षा पास तो की जा सकती है, लेकिन अच्छे अंक आने के लिए आवश्यक है कि विषय का गहराई से अध्ययन करें। विषय के मूलभूत सिद्धान्तों/तत्त्वों को समझें, आत्मसात् करें।

हम ऐसे बहुत से छात्रों से परिचित हैं, जो हमेशा हाथ में किताब लिए रहते हैं। हमेशा पढ़ते हुए बहुत गम्भीर-सी मुद्रा में दिखाई देते हैं।

खाना खाने जाते हैं, तो भी किताब साथ रखते हैं, परीक्षा स्थल तक कुछ-न-कुछ पढ़ते हुए, मनन करते हुए प्रतीत होते हैं। ऐसा प्रतीत होता है कि उनसे ज्यादा पढ़ाकू, मेहनती, लगनशील अन्य कोई छात्र हो ही नहीं सकता, लेकिन जब परीक्षा परिणाम आता है, तो उनका रोल नम्बर बहुत पीछे रह जाता है। ऐसा क्यों? बहुत सीधी एवं सरल बात है, ऐसे छात्रों की Basics पर पकड़ सही नहीं है।

उनके Fundamentals भी Clear नहीं हैं, बस वे स्वयं को तसल्ली देने हेतु या लोगों को दिखाने हेतु पढ़ते हैं।

परीक्षा में अच्छे अंक लाने के लिए आपकी विषय के Basics/Fundamentals की तैयारी पूर्ण एवं सही होनी आवश्यक है।

"किसी भी राष्ट्र को समृद्ध, सम्पन्न एवं
उन्नतशील बनाने की कल्पना को साकार
तभी किया जा सकता है, जब वहाँ के
विद्यार्थियों को, युवा वर्ग को,
जो देश के भावी नागरिक हैं, आरम्भ से ही
आत्मनिर्भरता का पाठ पढ़ाया जाए।"

अपनी योग्यता/क्षमता को बढ़ाएँ 

आज इस प्रतिस्पर्द्धात्मक युग में, छात्रों में एक-दूसरे से आगे बढ़ने की होड़ लगी हुई है। आज विद्यार्थी वर्ग में अपने करियर के प्रति काफी सजगता/जागरूकता दिखाई पड़ती है। माता-पिता/अभिभावक भी अपने बच्चों के करियर के प्रति बहुत चिन्तित रहते हैं। वे शुरू से ही बच्चों को अपने करियर के सम्बन्ध में जागरूक करते दिखाई पड़ते हैं।

कोई समय था, जब ट्यूशन भी वे ही छात्र जाते थे, जो किसी विषय में कमजोर हुआ करते थे, लेकिन आज हर विषय में पढ़ाने वाले अध्यापकों के यहाँ विद्यार्थियों की भीड़ लगी रहती है। हर छोटे-बड़े शहर में कोचिंग सेण्टर्स खुल गए हैं, यहाँ पर भी विद्यार्थी भारी संख्या में पढ़ाई करते देखे जा सकते हैं। ये सब परिस्थितियाँ इस बात को इंगित करती हैं कि आज किसी भी परीक्षा में मात्र पास होने का कोई महत्त्व नहीं है।

आज आवश्यकता है कि परीक्षा में अच्छे अंक आएँ अर्थात् आपके अंक अन्य परीक्षार्थियों से बेहतर हों। इसके लिए आवश्यक है कि आप स्वयं की योग्यता, क्षमता में गुणात्मक सुधार करें। आपकी पढ़ने की गति एवं लिखने की गति तथा किसी विषय को समझने की गति में सुधार किया जाए। कहते हैं, Practice makes a man perfect अर्थात् अभ्यास करने से ही आपमें परिपूर्णता आ सकती है।

आप जिस विषय में कमजोर हैं, सर्वप्रथम उस पर कमाण्ड करें। आज वो समय नहीं रहा है कि तीन विषयों में से किसी एक विषय में छात्र कमजोर है, तो काम चल जाएगा। आज एक विषय में कमजोरी आपको सैकड़ों साथियों से पीछे धकेल सकती है।

अत: जिस विषय में आप स्वयं में कुछ कमी महसूस करते हैं, उसे सर्वप्रथम दूर करें। इसके लिए भी शॉर्टकट्स (Shortcuts) नहीं अपनाएँ, बल्कि उस विषय के Basics/Fundamentals अच्छी तरह समझकर आगे बढ़ें।

> "असफलता केवल यह सिद्ध करती है
> कि सफलता का प्रयास,
> पूरे मन से नहीं हुआ।"

असम्भव कुछ भी नहीं है बस थोड़ा-सा अधिक प्रयास, थोड़ी-सी अधिक मेहनत, आपको सफलता की ओर अग्रसर कर सकती है। यदि आपकी Reading या Writing skill में कुछ कमी है, तो उसे बढ़ाएँ। हमने देखा है, बहुत से विद्यार्थियों की English grammar में तो अच्छी पकड़ होती है, लेकिन Vocabulary पर Command नहीं होती है।

कई बच्चों की Data interpretation में या Analytical questions में गति अपेक्षाकृत धीमी होती है। कई विद्यार्थियों की Comprehensions को समझने एवं पढ़ने की योग्यता सापेक्षतया कम होती है।

आपको यह बात अच्छी तरह से समझ लेनी चाहिए कि वर्तमान युग में सफलता सापेक्ष है, आपको मेहनत नहीं, बल्कि अन्य से अधिक मेहनत करनी होगी।

कठिन कुछ नहीं है, बस थोड़ा अधिक प्रयास, थोड़ी अधिक मेहनत करने से सब कुछ सरल हो जाता है। सोच कर देखें, जब अन्य छात्र आपसे अधिक अंक ला सकते हैं, तो आप क्यों नहीं? बस इस प्रश्न के उत्तर में ही आपकी सफलता का रहस्य छुपा हुआ है।

समय का उचित नियोजन करें

हम सब जानते हैं कि एक बार व्यर्थ हुआ समय फिर वापस नहीं आ सकता। व्यय किया हुआ धन तो कमाया जा सकता है, लेकिन व्यर्थ किया गया समय पुन: प्राप्त करना सम्भव नहीं है।

विद्यार्थी जीवन बहुत थोड़ी अवधि का होता है। इस समय का यदि छात्र सदुपयोग कर लेते हैं, तो वे जीवन में महत्त्वपूर्ण पड़ाव पर पहुँच जाते हैं, लेकिन यदि इस समय को व्यर्थ कर दिया, तो उसका स्वयं का जीवन तो व्यर्थ होता ही है, साथ में माता-पिता/अभिभावकों की अपेक्षाएँ/ भावनाएँ एवं उनकी आप से आशाएँ/अभिलाषाएँ भी धूल में मिल जाती हैं।

प्रश्न उठता है कि इस समय का सदुपयोग कैसे किया जाए? समय का नियोजन करने हेतु आपको योजना बनानी होगी। आप जिस अभीष्ट परीक्षा की तैयारी कर रहे हैं, उसमें सफलता हेतु, आपको आपके पास उपलब्ध समय का इस प्रकार से नियोजन करना होगा, जिससे कि आपकी सफलता सुनिश्चित की जा सके।

अधिकांश छात्रों की समस्या होती है कि जब समय होता है, तो वे कहते हैं कि अभी तो बहुत समय पड़ा है, कुछ दिनों बाद तैयारी शुरू कर देंगे। वे आपस में बात करते हैं, तो यही कहते हुए सुने जा सकते हैं कि अभी तो बहुत समय है .... और फिर जैसे-जैसे समय गुजरता है, वे घबराहट के शिकार हो जाते हैं और उन्हें लगता है, अभी तो यह विषय भी पूरा नहीं हुआ, अभी तो वह Topic भी बाकी है, अभी तो इसमें भी बहुत समय लग जाएगा। इस तरह से

वह समय की कमी के जंजाल में फँस जाता है और स्वयं को तनाव में महसूस करता है। अपने माता-पिता की अपेक्षाओं पर खरा न उतर पाने के कारण वह ग्लानि महसूस करने लगता है। अपने अन्य साथियों के आगे बढ़ जाने की कल्पना से वह और अधिक कमजोर हो जाता है। उसका आत्मविश्वास भी डिग जाता है, इसलिए समय का सदुपयोग एवं समय का उचित नियोजन दोनों ही आवश्यक हैं, छात्र-जीवन में सफलता के लिए।

समय नियोजन हेतु निम्न बिन्दुओं पर अवश्य ध्यान दें

(i) पढ़ाई की समय सारणी (Time Table) बनाएँ एवं प्रयास करें कि आप उसके अनुसार चलें। यदि किसी विषय को आपने दो घण्टे देने हैं, तो उसे अवश्य दो घण्टे दें। यदि आपने दिन में 6 घण्टे पढ़ने का नियोजन किया है, तो उसे पूरा करें। हाँ, यदि आपको समय सारणी में कुछ अव्यावहारिक लगता है, तो उचित फेर-बदल किया जा सकता है।

(ii) स्वयं के मनोरंजन एवं आराम/विश्राम हेतु भी समय निकालें। जितना महत्त्वपूर्ण पढ़ाई करना है, उतना ही महत्त्वपूर्ण मनोरंजन एवं आराम/विश्राम भी है।

(iii) हर विषय हेतु समय का नियोजन करने के साथ उसके रिवीजन हेतु भी उचित समय निर्धारित करें।

(iv) किसी भी आकस्मिकता के लिए समय निकाल सकें, इस बात का ध्यान रखें। कई बार स्वयं बीमार हो सकते हैं। घर में कोई समस्या आ सकती है या अन्य कोई स्थिति ऐसी बन सकती है कि आपको 8-10 दिन उसमें व्यय करने पड़ सकते हैं।

यदि आपने अपनी योजना में आकस्मिकता हेतु भी समय का निर्धारण करके नियोजन किया है, तो आपकी सफलता सुनिश्चित है।

(v) समय का नियोजन, अपनी सुविधा, अपनी आदतों, अपनी परिस्थितियों को ध्यान में रखकर करें। दूसरों की नकल नहीं करें। यह नियोजन अपने लिए है, ध्यान रखें। अपनी योग्यता/क्षमता के अनुसार नियोजन करने से आप तनाव मुक्त रहते हैं।

(vi) अपनी योजना पर घर में बड़े-बुजुर्गों की राय लेने में, उनसे विचार-विमर्श करने में कुछ लाभ ही मिलता है। प्रयास करें कि आपकी योजना, आपके सहपाठियों के मध्य चर्चा का विषय नहीं बने। अधिकांश छात्रों को आपके नियोजन का मजाक बनाकर आपको परेशान करने में आनन्द आ सकता है, अत: ऐसी परिस्थितियों से स्वयं को बचाएँ।

(vii) समय नियोजन करते समय, जो कठिन विषय हैं, उन्हें ऐसा समय दें, जब आप पूरी तरह तरोताजा एवं ऊर्जा से भरपूर होते हैं। प्रात: जल्दी उठकर या सायंकाल खाना खाकर 8 से 10 बजे का समय ऐसे विषयों को दिया जा सकता है। वैसे यह व्यक्तिगत बातें हैं, लेकिन यह बिन्दु एक महत्त्वपूर्ण बिन्दु है।

(viii) समय के उचित नियोजन से आप सफलता की ओर अग्रसर होते हैं। आप में आत्मविश्वास जाग्रत होता है। आप तनावमुक्त रहते हैं। आप में **लक्ष्य** प्राप्त करने का विश्वास जाग्रत होता है।

"लगातार हो रही असफलताओं से निराश न हों,
कभी-कभी गुच्छे की आखिरी चाबी भी,
ताला खोल देती है।
सकारात्मक रहें....आगे बढ़ें।"

चिन्ताओं एवं परेशानियों का तुरन्त एवं उचित निराकरण करें

छात्र-जीवन में स्कूल/कॉलेज में, छात्र को कई प्रकार की परेशानियों का सामना करना पड़ सकता है; जैसे—स्कूल/कॉलेज के प्रशासन द्वारा उत्पन्न की गई परेशानी, किसी अध्यापक/प्रोफेसर के सम्बन्ध में परेशानी, किसी सहपाठी छात्र द्वारा पैदा की गई परेशानी या अन्य कोई परेशानी।

यदि छात्र ऐसी किसी परेशानी या चिन्ता का शिकार हो जाता है, तो वह सारे समय उसी में उलझता/घुलता रहता है। कई बार उस परेशानी का निराकरण गलत तरीके से करने के कारण वह और अधिक परेशानी में फँस जाता है। इन सबका परिणाम यह होता है कि वह अपने लक्ष्य से विमुख हो जाता है।

सर्वप्रथम तो छात्र को यह समझ लेना चाहिए कि उसने स्कूल/कॉलेज में पढ़ाई के उद्देश्य से प्रवेश लिया है, अत: उसे हर हालत में ऐसी किसी उलझन या परेशानी से दूर रहना चाहिए, लेकिन कई बार न चाहते हुए भी परिस्थितिवश छात्र छोटी/बड़ी परेशानी का शिकार हो जाता है। ध्यान रखें....किसी भी प्रकार की चिन्ता या परेशानी का हल त्वरित एवं उचित होना चाहिए। जितना शीघ्र हो सके, उसका निदान किया जाए। जितना अधिक समय उसके निराकरण में लगेगा, उतना अधिक आपका समय व्यर्थ होगा, अनर्थक कार्य में व्यय होगा।

समस्या का निराकरण करते समय उसे अपने Ego या इज्जत का सवाल नहीं बनाकर, सबको स्वीकार्य हल निकालना चाहिए। यदि ऐसा करने के लिए हमें कुछ झुकना भी पड़े, तो कोई बात नहीं। आप अपने बड़े लक्ष्य की प्राप्ति हेतु, थोड़ा त्याग कर रहे हैं। सब कुछ पुन: प्राप्त किया जा सकता है, लेकिन समय व्यर्थ होने पर

कभी पुन: प्राप्त नहीं किया जा सकता और छात्र-जीवन में जो समय आपके जीवन के बनने के लिए, आपके करियर निर्माण के लिए मिला है, वह बहुत ही कम है।

अत: समय बहुमूल्य या अमूल्य है। अत: किसी भी कीमत पर इसे व्यर्थ न करें।

अब्दुल कलाम

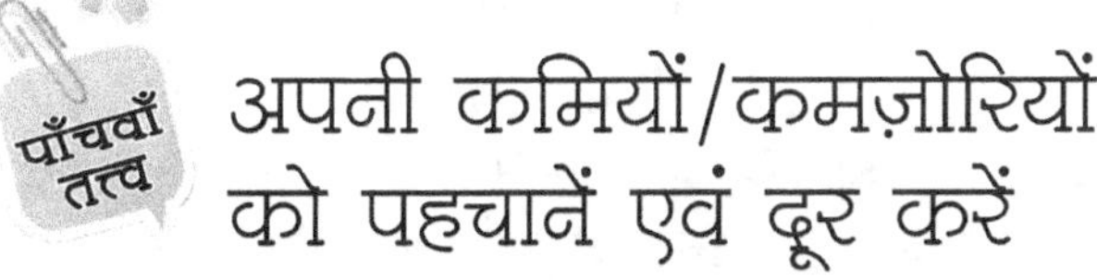

अपनी कमियों/कमज़ोरियों को पहचानें एवं दूर करें

पाँचवाँ तत्व

यह देखा गया है कि अधिकांश छात्र जब वांछित सफलता प्राप्त नहीं कर पाते हैं, तो या तो अपने भाग्य को दोष देते हैं या किन्हीं परिस्थितियों को अपनी असफलता के लिए जिम्मेदार ठहराकर इतिश्री कर देते हैं।

देखने में आता है कि छात्र किसी अभीष्ट परीक्षा में असफल होने के बाद, अपनी असफलता का सही आकलन नहीं करते। इस पर ईमानदारी से, गम्भीरता से विचार नहीं करते कि आखिर उसमें क्या कमी है, जिसे दूर किया जा सके। सामान्यतया असफलता का मूल कारण तो स्वयं की तैयारियों में कमी होता है। कई बार ऐसा भी देखने में आता है कि एमबीए की परीक्षा हेतु तैयारी करने वाले प्रत्याशी की अंग्रेजी ग्रामर तो ठीक है, लेकिन वर्ड पावर (Word power) ठीक नहीं है। इसी प्रकार किसी की Data interpretation या Graph analysis कमजोर है। किसी अभ्यर्थी

छात्र-जीवन है अनमोल
Don't Waste It!

की Comprehensive पढ़ने की गति बहुत कम है, तो किसी की गणित में Algebra कमजोर है। कई छात्रों की हालत यह होती है कि वे सिलेबस का रिवीजन नहीं कर पाते। आप इस बात को बहुत गम्भीरता से समझ लें कि इस प्रतिस्पर्द्धात्मक युग में आपको सफल होना है, तो अपनी कमजोरियों को दूर करना होगा। शॉर्टकट या रटने से काम नहीं चलेगा।

कई छात्र बहुत अजीब-सी गलती करते हैं एवं अपनी असफलता हेतु निम्न प्रकार के कारणों को जिम्मेदार ठहराते हैं; जैसे—इस बार बहुत सारे प्रश्न किसी विशेष टॉपिक में से आ गए, जिसे मैंने पढ़ा ही नहीं या जाम लगने के कारण मैं परीक्षा स्थल पर 20 मिनट बाद पहुँचा, इसलिए प्रश्न-पत्र पूरा हल नहीं कर सका या गलती से मैंने प्रश्न-पत्र के एक सेक्शन में से ही तीन प्रश्न हल कर दिए, जबकि एक सेक्शन से अधिकतम दो प्रश्न ही हल करने की अनुमति थी या Objective Type (वस्तुनिष्ठ) प्रश्न में मैं उत्तर लिखते समय गलत सीरियल नम्बर पर भूल से उत्तर लिखता चला गया।

ये सब गलतियाँ/भूल-चूक मानवीय हैं, इन्हें रोका जा सकता है। इनका तर्कों के आधार पर जवाब दिया जाए, तो

(i) आपको किसने कहा कि इस टॉपिक को तैयार नहीं करना है?

(ii) परीक्षा स्थल पर पहुँचने हेतु आधा घण्टा या एक घण्टा पूर्व (परिस्थितियों के अनुसार) चलना चाहिए। सावधानी हर छात्र को रखनी चाहिए, अन्यथा ऐसी स्थिति किसी के साथ भी बन सकती है।

(iii) प्रश्न-पत्र का उत्तर लिखने से पूर्व सारी हिदायतें पूरी तरह पढ़ना एवं समझना आवश्यक है, यह बात बार-बार छात्रों को समझाई जाती है।

(iv) वस्तुनिष्ठ (Objective) प्रश्न-पत्र का उत्तर लिखते समय, अगर आप इतनी-सी भी सावधानी नहीं रख सकते, तो आप सफलता के काबिल ही नहीं हैं।

इन बिन्दुओं के अतिरिक्त भी हम कुछ अन्य बातें करना चाहते हैं। किसी परीक्षा में असफल हो जाना कोई आपराधिक कृत्य नहीं है, लेकिन हम क्यों असफल (जबकि काफी छात्र सफल भी हुए हैं) हुए? यह जानना, आगे सफलता के लिए आवश्यक है। छात्र को स्वयं की कमियों/कमजोरियों के सम्बन्ध में पूरी ईमानदारी से मनन-चिन्तन करना चाहिए एवं उन्हें दूर करने हेतु पूर्ण प्रयास करना चाहिए।

सकारात्मक सोच रखें 

स्वामी विवेकानन्द के इस कथन में सकारात्मक सोच के महत्त्व एवं उसकी शक्ति का पता लगता है।

> "हम वो हैं जो हमें हमारी सोच ने बनाया है।
> इसलिए इस बात का ध्यान रखें
> कि आप जो सोचते हैं वह आपके
> भविष्य निर्माण का आधार है।
> शब्द गौण हैं विचार महत्त्वपूर्ण हैं।
> वे दूर तक जाते हैं...।"
> — स्वामी विवेकानन्द

सकारात्मक सोच से आपका आत्मविश्वास प्रबल होता है, आप में आत्मबल, संकल्पशक्ति का प्रवाह होता है। आप किसी कार्य को करने, किसी लक्ष्य को पाने की ओर अग्रसर होते हैं। सकारात्मक सोच, वह ऊर्जा शक्ति है, जो आपको सही दिशा की ओर पूर्ण विश्वास के साथ, अपने लक्ष्य को हासिल कर पाने के विश्वास के साथ प्रेरित करती है।

बिना सकारात्मक सोच का व्यक्ति स्वयं में एक टूटा हुआ, स्वयं की शक्तियों से अनजान सा, गुर्दा-सा, नैराश्य भाव से भरा हुआ प्रतीत

होता है। आपने हर जीतने वाले व्यक्ति को आत्मविश्वास की, आत्मबल की, आत्मसम्मान की बातें करते सुना होगा। कहते हैं कि जीतने वाले को हर परिस्थिति में आशा की किरणें दिखाई देती हैं, जबकि हारने वाला व्यक्ति अच्छी परिस्थितियों में भी निराशा की बातें, दुर्भाग्य की बातें करता दिखाई देता है।

सकारात्मकता आपको जीवन्त बनाती है, आप में एक उत्साह, एक उमंग बनाए रखती है, आप में स्वयं पर विश्वास एवं लक्ष्य को हासिल करने का विश्वास जाग्रत करती है। विचारों की शक्ति से ही व्यक्ति कमजोर या बलवान बनता है।

यदि आप स्वयं को सबल, समर्थ मानेंगे, तो आपका आचरण, आचार, व्यवहार उसी प्रकार का हो जाएगा, लेकिन आप स्वयं को निर्बल समझेंगे, तो आपका व्यवहार एक कमजोर व दीनहीन व्यक्ति की तरह हो जाएगा। विचार वह प्रथम सोपान है, जो आपको प्रगति/सफलता की सीढ़ियों पर ले जाता है।

सकारात्मक सोच का व्यक्ति हर असम्भवप्राय दिखाई देने वाले कार्य को भी सम्भव कर सकता है। मानव असीम शक्तियों का स्वामी है। आज का हर विजेता, सफल कहलाने वाला व्यक्तित्व, अपनी सकारात्मक सोच के कारण ही सफलता का मुकाम हासिल कर पाने में सक्षम हो सका है।

"बाधाओं को देखकर विचलित न हों,
विश्वास रखें, जीवन में निन्यानवे द्वार
बन्द हो जाते हैं, तथा भी कोई-न-कोई
एक द्वार अवश्य खुला रहता है।"

भाग्यवादी न बनें

- क्या एक व्यक्ति के लिए भाग्य पर भरोसा करके बैठे रहना सही है?

- क्या एक छात्र बिना मेहनत किए मात्र भाग्य के भरोसे, जीवन में सफलता पा सकता है?

दोनों प्रश्नों का उत्तर हर कोई 'न' में देगा, लेकिन इसके बावजूद आपको यह कहते हुए बहुत सारे लोग मिल जाएँगे कि "होगा वही जो भाग्य में लिखा है।"

यदि इसे ही सही मान लिया जाए, तो आपके भाग्य में मेहनत करके ही सफलता पाना लिखा है, तो मेहनत करो ना। बिना मेहनत किए किसी को लॉटरी से तो लखपति-करोड़पति बनते हुए देखा जा सकता है, लेकिन बिना मेहनत किए हुए किसी को कोई परीक्षा में टॉप करते हुए नहीं देखा जा सकता। किसी अभीष्ट परीक्षा में अच्छे अंक प्राप्त करने हैं, टॉपर बनना है, अपनी अलग से पहचान बनानी है, तो आपको मेहनत करनी ही होगी।

जब भी किसी परीक्षा का परिणाम अख़बार में प्रकाशित होता है, तो उस परीक्षा के कई टॉपर्स का साक्षात्कार भी प्रकाशित होता है। आपने किसी टॉपर को यह कहते सुना है कि सब भाग्य के भरोसे हुआ है।

अधिकांश छात्र स्वयं की सफलता के लिए, नियमित पढ़ाई, अध्यापकों का उचित मार्गदर्शन एवं अपने माता-पिता द्वारा की गई देखभाल को अपनी सफलता हेतु जिम्मेदार मानते हैं। सर्वप्रथम मेहनत का ही योगदान है। भाग्य कभी भी किसी आलसी, निकम्मे एवं कामचोरों का साथ नहीं देता।

बहुत से छात्र जब असफल हो जाते हैं, तो अपने भाग्य/दुर्भाग्य को कोसते हुए नजर आते हैं। वे अपने द्वारा की गई मेहनत में कोताही, समय के दुरुपयोग एवं गलत आदतों इत्यादि को अपनी असफलता हेतु जिम्मेदार नहीं समझना चाहते या समझते हुए भी बोलना नहीं चाहते। अन्तर्मन से तो जानते हैं, लेकिन लोगों के सामने भाग्य का रोना रोकर, अपनी कमियों/गलतियों को छुपाना चाहते हैं।

छात्र-जीवन में भाग्य के बारे में क्या सोचना? यह तो ऐसी उम्र है, जब आपको अपने भाग्य का निर्माण करना है। यह ऐसा समय है, जब आपको हर विपरीत परिस्थिति को अपने अनुकूल बनाना है। हर दुर्गम रास्ते को पार करके सफलता अर्जित करनी है।

भाग्य बनाना तो अपने हाथ है, न कि हम भाग्य के हाथ की कठपुतली हैं। मुझे एक कवि की कुछ पंक्तियाँ याद आ रही हैं

> "है कौन विघ्न ऐसा जग में,
> टिक सके आदमी के मग (रास्ते) में
> खम ठोक ठेलता है जब नर,
> पर्वत के जाते पाँव उखड़,
> मानव जब जोर लगाता है,
> पत्थर पानी बन जाता है।"

अपनी शक्ति को पहचानें एवं भाग्यवादी रवैया छोड़ें। मेहनत एवं संकल्पशक्ति के बल पर असम्भव दिखने वाले कार्य भी सम्भव हो जाते हैं।

चन्द्रगुप्त : किस्मत पहले ही लिखी जा चुकी है, तो कोशिश करने से क्या मिलेगा...?

चाणक्य : क्या पता, किस्मत में लिखा हो कि कोशिश करने से ही मिलेगा...!!!

अपने आत्मविश्वास को जाग्रत करें

आत्मविश्वास किसी भी व्यक्ति के जीवन का ऐसा बल है, जो उसमें असम्भवप्राय दिखाई देने वाले कार्य को सफलतापूर्वक सम्पन्न करने का साहस पैदा करता है। जिन व्यक्तियों ने अपनी आत्मिक शक्तियों को पहचाना, उन्होंने कुछ ऐसी उपलब्धियाँ प्राप्त कीं कि लोग उन्हें जननायक, विजयी एवं महान् मानने पर विवश हुए।

यह कभी न सोचें कि आप अकेले हैं, आप में सामर्थ्य नहीं है, आपकी क्षमता, योग्यता अन्य की अपेक्षा तुच्छ है। ऐसी हीनता एवं दीनता को स्वयं से दूर रखें तथा स्वयं पर विश्वास रखकर आगे बढ़ें। साहसी बनें, संकल्पित हों, आप देखेंगे कि परिस्थितियाँ अपने आप ही आपके अनुकूल होती जाती हैं। कठिनाइयाँ आती तो हैं, लेकिन आपके दृढ़ निश्चय के सामने नतमस्तक हो जाती हैं।

बाहरी सहारे की अपेक्षा न करें। आप में स्वयं में शक्ति है तभी बाहरी सहारा आपको सहयोग करेगा। कमजोर एवं दीनहीन व्यक्ति को सहारा कोई नहीं देता है।

परमात्मा ने आपको सब कुछ वैसा ही दिया है जैसा अन्य के पास है। आवश्यकता है अपनी शक्तियों को पहचानने की एवं अपनी क्षमता, योग्यता को संगठित कर सिंह के समान आगे बढ़ने की। इसका अभिप्राय यह नहीं है कि हमें किसी का सहयोग नहीं लेना है। संगठन की शक्ति प्रबल है, लेकिन ध्यान रखें कि संगठन बनाने

के लिए कुशल नेतृत्व हेतु दृढ़ संकल्प एवं अदम्य आत्मविश्वास की आवश्यकता है। आत्महीनता की निराशापूर्ण भावनाएँ, मनुष्य को अकर्मण्यता एवं भाग्यवाद की ओर प्रेरित करती हैं। परमात्मा द्वारा प्रदत्त शक्तियों को सकारात्मक रूप से क्रियाशील रखने का नाम ही आत्मविश्वास है।

आत्मविश्वास का पूरक भाव है—दृढ़ इच्छाशक्ति, बिना दृढ़ इच्छाशक्ति के कुछ सम्भव नहीं। लोग बड़े-बड़े सपने देखते हैं, दूर से प्रतीत होता है कि वे सपने पूर्ण करने में सक्षम भी हैं, लेकिन थोड़े दिनों बाद थक-हारकर बैठ जाते हैं। कारण....दृढ़ इच्छाशक्ति का अभाव। दृढ़ इच्छाशक्ति के साथ आत्मविश्वास हर परिस्थिति में आपको विजयी बनाता है।

"धार के विपरीत जाकर देखिए,
जिन्दगी को आजमाकर देखिए,
आँधियाँ खुद बदल लेंगी अपना रास्ता,
एक बार खुद को आजमाकर तो देखिए।।"

छात्र-जीवन में इनसे बचें

छात्र-जीवन एक तपस्या है, जिसमें एक छात्र को सफलता की बुलन्दियों को छूने के लिए अपनी दिनचर्या में कुछ बिन्दुओं को नकारना आवश्यक है।

1. अधिक संख्या में मित्र

'छात्र-जीवन' एक ऐसा समय होता है, जब आपके बहुत सारे मित्र होते हैं। सभी अपनी जैसी उम्र एवं सोच रखने वाले होने के कारण बहुत जल्दी आपस में घुल-मिल जाते हैं। किसी पर कोई बन्धन या जिम्मेदारी नहीं होने के कारण, आपस में शीघ्र ही मित्रता जैसे सम्बन्ध बन जाते हैं। मित्रों में आपस में कई बार बहुत घनिष्ठता हो जाती है। कई लड़के एवं लड़कियों में दोस्ती बहुत आगे तक चली जाती है। कई बार इस दोस्ती के चक्कर में आपस में झगड़ा-फसाद तक हो जाता है। यह एक अलग बिन्दु है।

प्रश्न है कि इस समय (छात्र-जीवन) में हमारा उद्देश्य क्या है? हमारा लक्ष्य क्या है? न हम मित्रता के विरुद्ध कोई बात कर रहे हैं न ही लड़के-लड़कियों में होने वाली मित्रता के सम्बन्ध में यहाँ कोई टिप्पणी करना चाहते हैं, लेकिन प्रश्न एक ही है कि हमारा इस छात्र-जीवन में क्या लक्ष्य है? इस पर विचार करें। अधिक संख्या में मित्र होने से आपको क्या हानि हो सकती है? आप अपने लक्ष्य से दूर जा सकते हैं। आपका अमूल्य समय नष्ट हो सकता है।

हमने देखा है कि छात्रों के पास, हर थोड़ी देर में नया मित्र आता रहता है। यदि वह स्वयं के घर में रहता है, तो मित्रों के आने-जाने पर माता-पिता कुछ रोक लगाने में सक्षम होते हैं, लेकिन यदि वह बाहर कहीं कमरा लेकर या छात्रावास में निवास कर रहा है, तो हर थोड़ी देर में कभी एक, कभी दो-तीन मित्रों का आना-जाना लगा रहता है। आपका समय नष्ट हो रहा है। स्वयं सोचें, आपके पास आने वाले मित्रगण क्या बात आपसे कर रहे हैं? उन बातों का आपके लक्ष्य संधारण में क्या महत्त्व है?

आने वाले अधिकांश मित्र अपनी समस्या लेकर आते हैं, कोई आपसे पैसे भी माँग सकता है, कोई आपसे कपड़े इत्यादि भी माँग सकता है, आपको अपने साथ सिनेमा या मॉल में ले जाने का आग्रह कर सकते हैं, आपके पास कोई वाहन है, तो उसे ले जाने को आ सकते हैं। इन सबसे आपको क्या लाभ मिला? हम कहते हैं, लाभ-हानि की बातें छोड़ दीजिए, लेकिन आप जो समय अपनी पढ़ाई में दे सकते थे, वो नहीं दे पाए। आपकी दैनिकचर्या, आपके मित्रों के अधीन हो गई। आप अपने लक्ष्य से च्युत हो रहे हैं।

कई छात्रों का तो उद्देश्य ही अच्छे पढ़ने वाले छात्रों का ध्यान पढ़ाई से हटाकर, उन्हें गलत रास्ते पर डालकर, अपने चंगुल में फँसाने का होता है। ऐसे मित्र भी बहुत मिलते हैं। हमारा तो कहना यह है कि छात्र-जीवन में स्वयं को मित्रों से दूर रखें एवं अपना सारा ध्यान, अपनी सारी शक्ति अपने लक्ष्य के संधारण में लगाएँ। सफलता आपके पास स्वयं चलकर आएगी।

2. कुसंग

कहते हैं काले स्थान पर बैठोगे तो कालिख लगेगी ही, आग के पास बैठोगे तो तपन लगेगी ही। इसका अर्थ है कि संगत का असर आपके आचरण, व्यवहार पर पड़ता ही है।

आजकल के छात्र बात-बात में गाली निकालते हैं। आपस में बात करते हुए गाली-गलौच करके, माँ-बहन की गाली देकर बात करते हैं। बात-बात में एक-दूसरे को मारने-पीटने की धमकी देना आम बात हो गई है। यह सब क्यों? कहाँ से सीखा है यह सब? संगत से, अपने परिचितों से, अपने मित्रों से।

अधिकांश छात्र सिगरेट व शराब का सेवन करते हैं। इसमें पैसा भी व्यय होता है और सबसे महत्त्वपूर्ण बात है कि आप अपने लक्ष्य से उन्मुख हो रहे हैं। छात्र-जीवन में मौज-मस्ती का दुष्परिणाम आपके भविष्य के लिए कितना घातक होगा, इसकी कल्पना करना भी बहुत कठिन कार्य है।

कुसंग का अर्थ ही होता है—खराब संगत। गलत लोगों के साथ बैठना, उठना। आजकल स्कूल-कॉलेजों में जैसा वातावरण है, उससे निर्लिप्त रहना छात्र वर्ग के लिए बहुत कठिन कार्य है, लेकिन यदि जीवन में कुछ अलग हटकर करना है, अपना नाम सफल व्यक्तियों की श्रेणी में अंकित करना है, अपने सपनों को साकार करना है, अपने माता-पिता व मित्रों की अपेक्षाओं पर खरा उतरना है, तो आपको इस परीक्षा में पास होना ही होगा।

हमने बार-बार लिखा है, पुनः दोहराते हैं कि वर्तमान वातावरण में छात्र-जीवन वाला समय एक तपस्वर्या से कम नहीं है। आपको बहुत धैर्य व संयम से इस थोड़े-से समय को पार करना है। आप जो भी चांहें वह कर लेना, लेकिन जब उसका समय आए। छात्र-जीवन मौज-मस्ती का समय नहीं, बल्कि अपने भविष्य निर्माण का समय है।

दिल्ली गैंगरेप में नाबालिग आरोपी विनय शर्मा की माँ ने बताया कि उन्हें भरोसा नहीं होता कि दो छोटी बहनों का भाई होकर वह ऐसा काम करेगा। गैंगरेप की पीड़ित छात्रा एवं उसके दोस्त की लोहे की छड़ से पिटाई करने वाला विनय कभी स्कूल में टॉपर हुआ करता था। हमेशा शान्त एवं साधारण-सा दिखाई देने वाला विनय कैसे शैतान बन गया, इसे परिवार भी नहीं जानता।

विनय की माँ चम्पा देवी का कहना है कि वह ऐसे कपूत को जन्म देकर पछता रही है। विनय के पड़ोसी एवं दोस्तों का कहना है कि वह रामसिंह एवं मुकेश सिंह की संगति में आने से बिगड़ गया था।

16 दिसम्बर की रात को रामसिंह एवं मुकेश सिंह ने जमकर शराब पी थी और उसके बाद कोई फल बेचने वाला लड़का आकर विनय को बुला ले गया था, बस उसके बाद से उन्होंने विनय को नहीं देखा है।

आप स्वयं समझदार हैं आपको भी पता है कि इस समय (छात्र-जीवन) गलत संगत में जाना तथा गलत रास्ते पर चलने से आपका जीवन व्यर्थ हो जाएगा, एक ऐसे अन्धकारमय गर्त में चला जाएगा कि फिर आप कभी सही रूप में बाहर नहीं आ सकेंगे।

स्वयं के मन को रोक लीजिए। दूर रखें स्वयं को ऐसे दोस्तों से, ऐसे फिसलन भरे रास्तों से। हो सकता है आपको इसके लिए कई बार दोस्तों के व्यंग्य सुनने को मिलें, आपका कोई ऊटपटांग नाम भी रख दिया जाए। कोई आपको 'पढ़ाकू' कहे, कोई 'बुकवर्म' कहे, कोई कुछ भी कहे, आपको सही रास्ते पर से नहीं हटना है और यह नई बात नहीं है, आजकल अमीर घर के लड़के-लड़कियाँ ऐसे रास्तों पर चलकर ही न केवल स्वयं के भविष्य को नष्ट कर लेते हैं, बल्कि वे अपने अभिभावकों के सपनों को भी चकनाचूर कर देते हैं।

छात्र-जीवन एक संघर्ष का समय है, स्वयं को तपाने का समय है, संयम रखकर धैर्यपूर्वक अपने लक्ष्य संधारण में, स्वयं की योग्यता/क्षमतानुसार प्रयासरत होने का समय है। इसे नष्ट न करें, इसे व्यर्थ न करें।

3. नकारात्मक सोच के लोग

नकारात्मक सोच अवसाद का जनक है, असफलता का पर्याय है। नकारात्मक सोच के लोग आत्महीनता के शिकार होते हैं। आत्मविश्वास उनमें रहता ही नहीं। न स्वयं में किसी कार्य को करने का विश्वास होता है, न किसी और के द्वारा किए गए प्रयास को वे सफल होते देख सकते हैं। चारों तरफ उन्हें असफलता, धोखा, चालाकी एवं कमियाँ ही दिखाई देती हैं।

छात्र-जीवन में आपके आसपास नकारात्मक सोच के बहुत से व्यक्ति, आपके मित्रों में, रिश्तेदारों में, अड़ोस-पड़ोस में मिल जाएँगे। वे आपसे आपके बारे में, आपकी पढ़ाई के बारे में, जानकारी करना चाहेंगे, आप जो भी सकारात्मक बात अपने बारे में बताएँगे, वे उसके विरुद्ध ऐसी बातें, ऐसे उदाहरण आपको देंगे कि आप स्वयं को बड़ी विचित्र स्थिति में पाएँगे। न तो आप उन्हें नकार सकते हैं, न उनसे तर्क करना उचित है। ऐसे लोग भाग्य/दुर्भाग्य की बातें बहुत करते हैं।

आप अच्छे अंकों हेतु प्रयास कर रहे हैं, तो वे आप द्वारा किए गए प्रयास की सराहना नहीं करते, बल्कि यह कहकर कि सब कुछ भाग्य पर निर्भर है, आपको हताश करने का प्रयास करते हैं। कई मित्र तो इतने नकारात्मक होते हैं कि वे आपकी मेहनत करने को बेवकूफी बताकर, आपको परीक्षा के दिनों में प्रश्न-पत्र आउट कराने की गारण्टी देकर, आपको गलत रास्ते पर धकेलना चाहते हैं। कई मित्र जान-बूझकर आपको गलत गाइड (Guide Book) पढ़ने की सलाह देते हैं।

कई मित्र अभी से तैयारी करने को फालतू बताकर, आपको अपने साथ मौज-मस्ती के लिए ले जाने का प्रयास करते हैं।

"हम जब पढ़ते थे, तो छात्रावास में रहते थे,
तब हमारा एक मित्र, दिन में हमें दिखाने
के लिए, मटरगस्ती करता था, लेकिन
रात को उठकर चुपचाप पढ़ता था।
उसकी इच्छा यह थी कि उसके अंक
अन्य सभी दोस्तों से अधिक आने चाहिए।"

यह कोई नई बात नहीं है। सभी की अपनी-अपनी सोच एवं नजरिया होता है, लेकिन छात्र-जीवन में जो कुछ वर्षों का समय हमें अपने भविष्य निर्माण हेतु मिलता है, वह नकारात्मक सोच के लोगों के कारण कई बार व्यर्थ हो जाता है।

याद रखें सोच ही व्यक्ति को सफलता की ओर अग्रसर करती है। सकारात्मक सोच सफलता का प्रथम मापदण्ड है। यदि आपकी सोच सकारात्मक है, तो विपरीत परिस्थितियों में भी आपको आशा की किरण नजर आएगी और यदि आपकी सोच नकारात्मक है, तो आपको हर परिस्थिति में असफलता का डर सताता रहेगा।

4. शॉर्टकट्स

कड़ी मेहनत से प्राप्त सफलता में जितना आत्मिक सन्तोष प्राप्त होता है, वह सरलता से प्राप्त किसी भी बड़ी-से-बड़ी उपलब्धि से प्राप्त नहीं होता। आप जीवन में जितना ऊँचा उठना चाहते हैं, आप इसके लिए उतनी ही मेहनत करने के लिए तैयार रहें।

आजकल के बहुत से छात्र कठिन मेहनत से कतराते हैं, येन-केन प्रकारेण, अच्छे अंक लाने का प्रयास करते हैं। प्रायोगिक परीक्षा में, परीक्षक से सेटिंग करके, साक्षात्कार में पैसे ले-देकर सफल होने

की इच्छा रखने वाला छात्र जीवन में नैतिकता को, ईमानदारी को महत्त्व देगा, यह बात कल्पना से बाहर है। ऐसे छात्रों को नौकरी मिलने के बाद, इनकी प्राथमिकता, कैसे भी पैसे कमाने की होती है।

इस प्रयास में ये भ्रष्टाचार में इतने लिप्त हो जाते हैं कि एक न एक दिन भ्रष्टाचार निरोधक विभाग द्वारा पकड़ लिए जाते हैं। पकड़े नहीं भी जाते हैं, तो हमेशा अन्दर से डरे हुए और कभी यहाँ, कभी वहाँ सेटिंग में लगे रहते हैं। परिवार पर ध्यान देने का समय ही नहीं मिलता और इसका परिणाम आने वाली पीढ़ी को झेलना पड़ता है। बच्चों में व्याप्त सिगरेट, शराब की लत, लड़कियों के साथ मौज-मस्ती एवं आपराधिक कृत्यों में लिप्तता, इन सबका कारण परिवार में गलत रास्ते से आया धन-वैभव ही तो है।

आजकल अधिकांश परीक्षाओं के प्रश्न-पत्र आउट हो जाते हैं। इससे कुछ छात्र उस परीक्षा में हो सकता है, अन्य छात्रों से अच्छे अंक ले आते हैं, लेकिन इसका परिणाम कभी भी सुखद नहीं होगा। जिस इमारत की नींव में ही बेईमानी के पत्थर हों, वह इमारत सुदृढ़ कैसे हो सकती है।

छात्र चाहते तो हैं आसमान की बुलन्दियों को छूना, लेकिन प्रयास या मेहनत करते हैं जमीन पर रहने तक की। इसे इस प्रकार समझ लीजिए कि यदि आपको आई.ए.एस. अधिकारी बनना है, तो उसके लिए आपकी लिपिक के स्तर की तैयारियों से काम नहीं चलेगा, बल्कि आपको उसी स्तर की मेहनत करनी होगी, जितनी उच्च महत्त्वाकांक्षा है, उतनी ही उच्चस्तर की तैयारियाँ करने की जरूरत है।

बहुत से छात्रों को परीक्षा की तैयारी करते समय, पिछले वर्ष में पाँच-सात वर्ष के प्रश्न-पत्रों में आए प्रश्नों के आधार पर एक-दो प्रश्न-पत्र तैयार करके उन्हीं की तैयारी की जाती है। कई बार प्रश्न-पत्र का पूरा पैटर्न ही परिवर्तित हो जाता है। कई बार प्रश्न-पत्र

में जान-बूझकर अलग प्रकार के ऐसे प्रश्न डाल दिए जाते हैं, जो कभी किसी भी वर्ष में परीक्षा में पूछे नहीं गए। ऐसी स्थिति में ऐसे छात्रों की क्या दुर्गति होती है, यह आप अच्छी तरह समझ सकते हैं।

हम एक और भी बात करना चाहते हैं, आप किसी भी प्रकार का शॉर्टकट क्यों अपनाना चाहते हैं?

(i) क्या आप कड़ी मेहनत से डरते हैं?

(ii) क्या आप में उस परीक्षा को अपनी मेहनत से पास करने की कुव्वत नहीं है?

(iii) क्या आप में आवश्यक योग्यता की कमी है?

(iv) क्या आप दूसरों की योग्यता या क्षमता से भयभीत हैं?

ऐसी क्या बात है कि आप बिना मेहनत का खाना चाहते हैं? दूसरों के हक पर अपना गलत ढंग से अधिकार जमाना चाहते हैं। जीवन का यह अमूल्य समय, कठिन मेहनत करके, स्वयं को उत्कृष्टता के शिखर पर ले जाने का है। आप में वह ऊर्जा है, ऐसी शक्ति है कि आप यदि ठान लें तो सब कुछ हासिल कर सकते हैं। फिर क्यों पड़ रहे हैं ..... शॉर्टकट्स के चक्कर में। बस जुट जाएँ, संकल्पित हो जाएँ, छोड़ दें, कुछ समय के लिए ऐश-आराम और पूरी निष्ठा एवं लगन से तैयार हो जाएँ अपने लक्ष्य संधारण में, सफलता आपके कदम चूमेगी।

''प्रगति पथ पर अग्रसर होने वाले
प्रत्येक व्यक्ति को अपने पथ
में आने वाली प्रतिकूलताओं से स्वयं ही
संघर्ष करना पड़ता है। स्वयं को विजयश्री की
पताका पहनने के लिए सतत प्रयास,
कड़ी मेहनत एवं कठोर संघर्ष की
राह से गुजरना पड़ता है।''

5. प्रेम-प्यार

हर कार्य का एक वक्त होता है। छात्र-जीवन, अपने भविष्य निर्माण का समय है। जिस तरह से वृद्धावस्था में आप जवानी के कार्य नहीं कर सकते एवं बचपन में बुजुर्गों के कार्य करना उचित नहीं, उसी तरह छात्र-जीवन में प्रेम-प्यार के चक्कर में पड़ना उचित नहीं।

छात्र वर्ग में चर्चा होती है कि ''प्यार किया नहीं जाता हो जाता है।'' यह ऐसा बेतुका तर्क है, जिसका कोई आधार नहीं। आप गए तो हैं जमीन खरीदने और खरीद लाए हैं ट्रक और कहते हैं जो होता है वह ऊपर वाले की मर्जी से होता है। क्या तर्क है!

माता-पिता ने भेजा तो है पढ़ाई करने, लेकिन आप तस्करी करने लगते हैं, चोरी-चकारी करने लगते हैं। क्या अर्थ है इन सबका?

माता-पिता अपनी कड़ी मेहनत की कमाई में से अपनी आवश्यकताओं को कम करके, आपकी पढ़ाई (आजकल पढ़ाई पर बहुत पैसा खर्च होता है, माता-पिता को ऋण भी लेना पड़ जाता है) हेतु आवश्यक राशि का प्रबन्ध करते हैं, लेकिन आप पढ़ाई में पूरा ध्यान न लगाकर, प्रेम-प्यार के चक्कर में पड़ जाते हैं। ऐसा बहुत से छात्र-छात्राएँ करते हैं।

आपके पास स्वयं का खर्चा चलाने को तो पैसे नहीं हैं, आप अपनी पत्नी का खर्चा कैसे उठाएँगे। आप अपने अभिभावकों को ऐसी विचित्र उलझन में डाल देते हैं कि वे यदि आपकी बात को ठुकराते हैं, तो दुःख पाते हैं और यदि आपकी बात को मान लेते हैं, तो आपके भविष्य को बर्बाद करने में सहायक होते हैं।

कई छात्र तो माता-पिता द्वारा उनकी बात न मानने पर 'आत्महत्या' की या हमेशा के लिए घर छोड़कर जाने की धमकी/चेतावनी तक दे देते हैं। आप सोचें, यदि ऐसा ही रास्ता आपकी बहन या आगे चलकर आपके बच्चे ने अपनाया, तो आपकी क्या स्थिति होगी,

लेकिन यह बात अभी समझ नहीं आती है। प्रेम-प्यार के चक्कर में न केवल आप स्वयं के भविष्य को बर्बाद करते हैं, दाँव पर लगाते हैं, बल्कि अपने माता-पिता की अपेक्षाओं के साथ बहुत बड़ी दगा भी करते हैं।

आप ऐसे बहुत से अपने साथियों को जानते होंगे, जो कभी कक्षा में टॉप आया करते थे और जब से वे प्रेम-प्यार के चक्कर में पड़े, बर्बाद हो गए। जिस लड़की/लड़के के चक्कर में आपने अपना भविष्य बर्बाद किया वह भी किसी दूसरे के साथ शादी करके अलग हो गए। ऐसा भी हो जाता है।

कई बार स्थिति तो ऐसी भी आती है कि प्रेम-प्यार के चक्कर में आपस में दोस्तों में मार-पीट हो जाती है, खून-खराबा हो जाता है। आपराधिक मामले बन जाते हैं एवं हमेशा के लिए पुलिस में नाम दर्ज होने से आपको नौकरी के लाले पड़ जाते हैं।

''मनुष्य को समाज ने विभिन्न मर्यादाओं
की श्रृंखलाओं में बाँधा है।
कुछ वर्जनाएँ निर्धारित की हैं।
जो भी इन वर्जनाओं को तोड़ता है,
मर्यादाओं का उल्लंघन करता है,
वह अविवेकी एवं अनाचारी माना जाता है।''

दोस्तों, जैसा हमने लिखा, हर कार्य का एक उचित समय होता है। छात्र-जीवन में आपको पूरी शक्ति केवल अपने भविष्य निर्माण हेतु लगानी है। प्रेम-प्यार का रास्ता बहुत सुहावना लगता है, लेकिन इसमें इतनी फिसलन है कि एक बार फिसले नहीं कि आप उस गर्त से निकल नहीं सकते। एक बार आप अपना भविष्य बना लें, आप देखेंगे कि आपके पास एक से एक सुन्दर/शानदार प्रस्ताव शादी के लिए आते हैं।

आप जितनी अच्छी पोजीशन में होंगे, आपके पास उतने ही अच्छे प्रस्ताव आएँगे। दुनिया को अच्छी तरह से देखना है, तो अपनी काबिलियत को बढ़ाओ, अपने भविष्य को बनाओ, एकदम दूर रहो इस प्रेम-प्यार के चक्कर से।

6. दिखावा एवं अपव्यय

ऐसे बहुत सारे छात्र हैं, जिनका ध्यान अपने मुख्य उद्देश्य 'भविष्य निर्माण' की तरफ न होकर, अपने साथ के लड़के-लड़कियों को अपने कीमती कपड़े, कीमती मोबाइल, महँगी गाड़ियाँ दिखाकर या अन्य किसी प्रकार से बड़े-बड़े होटलों, रेस्तरां में पार्टियाँ देकर प्रभाव डालने पर होता है। लड़कियाँ भी दिखावे में कम नहीं होती हैं। वे न केवल कपड़ों का दिखावा करती हैं, बल्कि अपने शरीर का भी दिखावा करती हैं।

हम नहीं समझते कि छात्र-जीवन में इस दिखावे का अर्थ क्या है? यह सही है कि आप अपने यार-दोस्तों पर दिखावा करके एक प्रभाव डालने में समर्थ होते हैं, लेकिन अधिकतर छात्रों के ऐसे छात्रों के सम्बन्ध में क्या कमेण्ट्स होते हैं, "ज्यादा अपने आपको अमीर समझता है।" "अपने पिता के पैसे पर इतराता है।" "थोड़े पैसे भगवान ने क्या दे दिए, अपने आगे किसी को कुछ समझता ही नहीं है।" "सब कुछ पैसे की माया है, इसकी शकल तो देखो, बन्दर जैसी है, लेकिन पैसे के बल पर चमचे पाल रखे हैं।"

उक्त कमेण्ट्स यह प्रदर्शित करते हैं कि कुछ स्वार्थी लोग ही आपके दिखावे के प्रभाव में आते हैं, अधिकतर लोगों की राय आपके बारे में बहुत अच्छी नहीं होती है।

एक दार्शनिक ने बहुत अच्छी बात कही है कि

"After ten years from now, it makes
no effect, what you wore, what show off
you made, but actually the status you
command on that date, shall show your
real worth".

अर्थात् आज से 10 वर्ष बाद, इसका कोई प्रभाव नहीं है कि आपने क्या पहना, क्या दिखावा किया, लेकिन वास्तव में उस दिन आपका क्या स्तर है, यह आपकी वास्तविक कीमत बताएगा।

हम भी बार-बार इसी बात को बताना चाह रहे हैं। आज का दिखावा (अपने पिता के पैसों के बूते पर), आज का अपव्यय (अपने पिता के पैसों का) महत्त्वहीन है। मुख्य बात है कि आप अपने भविष्य निर्माण के प्रति कितने सचेत हैं। यदि आप अपने भविष्य को सही रूप से सँवारने में सक्षम हो जाते हैं, तो आपको जीवन में दिखावे की आवश्यकता ही नहीं रहेगी।

हीरा चाहे कीचड़ में हो तो भी हीरा ही है। सोने की कीमत अँगुली से नहीं, स्वयं की होती है।

अपव्यय एवं दिखावा आपको अपने मूल उद्देश्य से दूर करता है और इसका कुछ प्रभाव भी समझते हैं, तो वह बहुत थोड़े समय के लिए रहता है। आपको जीवन में आगे बढ़ना है, आप अनावश्यक दिखावा न करें। हमारा कहने का अर्थ है कि ठीक तरह से रहें, अनावश्यक अपव्यय एवं दिखावे से जो मित्र आपके आगे-पीछे रहते हैं, वे वास्तविक मित्र नहीं हैं। वे आपको मूर्ख बनाकर, आपके पैसे के बल पर मौज-मस्ती करते हैं। कई बार इस दिखावे के चक्कर में आपस में बहुत बड़ा झगड़ा भी हो जाता है, जो पुनः आपको अपने मूल उद्देश्य से भटकाता है।

याद रखें छात्र जीवन वह सुनहरा समय है, जो आपके भविष्य निर्माण के निमित्त आपको मिला है। आप हर प्रकार की जिम्मेदारियों से मुक्त रहते हैं। आपको बस अपने लक्ष्य संधारण हेतु अपनी योग्यता/क्षमतानुसार प्रयास करना है। सब कुछ से हटकर अपने लक्ष्य के प्रति स्वयं को समर्पित कर दें। देखें आप जीवन में कितनी ऊँचाइयों पर पहुँचते हैं। जरूरत है आपको संकल्पित होकर आगे बढ़ने की। बस जुट जाएँ, ईश्वर आपको अवश्य सफल करेगा, ऐसा हमारा विश्वास है।

''सादा जीवन उच्च विचार के ज्ञान में
जीवन की सफलता, सार्थकता के साथ
जुड़ी हुई प्रफुल्लता सहित सभी सूत्रों का समावेश
है। महानता एवं श्रेष्ठता को बनावट एवं दिखावट
न कभी पसन्द आई है और न ही
कभी पसन्द आ सकती है।''

7. अहंकार एवं ईर्ष्या

अहंकारयुक्त आचरण, कलह का आमन्त्रण है। यदि आपका आचरण इस प्रकार है, जिससे किसी अन्य के स्वाभिमान को ठेस लगती है, जिससे किसी अन्य छात्र या अध्यापक के सम्मान को चोट पहुँचती है, तो आपको अपने आचरण को बदलने की आवश्यकता है। ऐसा न करने से एक-दूसरे से बदला लेने की, एक-दूसरे को नीचा दिखाने की एवं नुकसान करने की भावनाएँ प्रबल होती हैं।

ऐसी प्रवृत्ति से किसी को कोई लाभ नहीं, बल्कि छात्र एक-दूसरे को येन-केन प्रकारेण नुकसान पहुँचाने के चक्रव्यूह में फँस जाते हैं, जिससे सभी अपने लक्ष्य को भूलकर फालतू के प्रकरणों/झंझटों में फँस जाते हैं। फिर अहंकार किस बात का, आपने स्वयं ने तो अभी कुछ हासिल किया ही नहीं। आपको जिनके कारण अहंकार है, वह

तो आपके माता-पिता/अभिभावकों का है। आप किस चीज के लिए इतराते हैं। पहले स्वयं कुछ हासिल तो करें, अपनी कुछ कुव्वत तो बनाएँ, अपने आप को साबित तो करें।

अभी तो सारा संघर्ष बाकी है। अभी तो आपने रण संग्राम में कदम रखा है, अभी तो कुछ पाया ही नहीं, अभी से कैसा अहंकार, वैसे भी ऋषि-मुनियों ने कहा है—''अहंकारी व्यक्ति कभी सफल नहीं हो सकता, वह हमेशा दूसरों की आँख का काँटा बना रहता है।''

अहंकार मानसिक शान्ति का सबसे बड़ा दुश्मन है। फिर छात्र-जीवन में, आपका उद्देश्य किसी को नीचा दिखाना तो नहीं है ना। आपको जिस उद्देश्य की पूर्ति के लिए यह समय मिला है, इसका उपयोग उसके लिए क्यों नहीं करते?

कई छात्र अन्य छात्रों से अकारण ईर्ष्या करते हैं। ईर्ष्या का गुण लड़कियों में लड़कों से अधिक पाया जाता है। किसी छात्र के अच्छे अंक आते हैं या वह पढ़ने में तेज है, तो ऐसे छात्र से ईर्ष्या न करके उसका मार्गदर्शन प्राप्त करें।

उसकी पढ़ाई के क्या तरीके हैं? क्या वह नोट्स बनाकर पढ़ता है या वह ट्यूशन करता है या कोई कोचिंग में प्रवेश ले रखा है, यह सब जानने का प्रयास करें, न कि ईर्ष्या करके उसे नीचा दिखाने का।

ईर्ष्या का अर्थ हुआ कि आप दूसरे के स्तर तक पहुँचने में असमर्थ हैं या जिससे ईर्ष्या कर रहे हैं, उसे अपने से नीचा दिखाने की आप कुत्सित सोच रखते हैं। देखो, एक व्यक्ति को नीचा दिखाने से आपको कोई लाभ नहीं। आपको सफलता की सीढ़ियाँ चढ़नी हैं तो ईर्ष्या नहीं, बल्कि स्वयं की कठिन मेहनत आपके काम आएगी।

वैसे भी छात्र-जीवन में जिन छात्रों से आप ईर्ष्या रख रहे हैं आप से 5-7 वर्ष बाद वह कहाँ मिलेगा, किस पोजीशन में होगा, इसका

आपको क्या पता? अत: आपकी इस थोड़े समय की ईर्ष्या का कोई अर्थ नहीं है।

सबसे अहम् बात है— ईर्ष्या से आप स्वयं की मानसिक शान्ति खो रहे हैं। आपका जो समय स्वयं को उत्कृष्ट बनाने हेतु लगना चाहिए, वह ईर्ष्याजनित कार्यों में व्यय हो रहा है। छात्र-जीवन बहुत थोड़ा-सा, बहुत अद्भुत समय है। यह समय अपने भविष्य निर्माण में, अपने जीवन को सँवारने में व्यय करें, न कि ईर्ष्या या अहंकारवश किसी अन्य साथी को नीचा दिखाने या नुकसान पहुँचाने में।

8. दूसरों की हू-ब-हू नकल न करें

ऐसा देखने में आया है कि बहुत से छात्र, अन्य छात्रों की हू-ब-हू नकल करते हैं। उनका जो पढ़ने का टाइम-टेबल होता है, वही वे अपनाना चाहते हैं। ऐसा अधिकांशतया छात्रावास में या एक मकान में रहने वाले कई छात्रों के सन्दर्भ में देखने को मिलता है। इस सम्बन्ध में हम यह बताना चाहते हैं कि हर छात्र की अपनी जीवन-शैली होती है। उसका शरीर उसके द्वारा अभी तक अपनाई शैली के अनुसार ढला हुआ होता है। ऐसी स्थिति में आप बिना सोचे-समझे किसी अन्य छात्र के अनुसार स्वयं को ढालना चाहते हो, तो यह आपके लिए सामान्यतया उचित नहीं होता है। बहुत से

छात्र दिन में पढ़ना उचित समझते हैं, तो कई छात्र रात को देर तक पढ़ते हैं। कई रात को जल्दी (7 बजे) सो जाते हैं एवं फिर 12-1 बजे उठकर पढ़ते हैं। इसी प्रकार कई छात्र नोट्स बनाकर पढ़ते हैं, तो कई जोर-जोर से बोलकर पढ़ते हैं, कई चुपचाप पढ़ते हैं। ऐसे ही कई छात्र पढ़ते समय सिगरेट पीते हैं, कई हर घण्टे दो घण्टे बाद चाय पीते हैं, तो कई रात्रि में जागने के लिए कॉफी पीना पसन्द करते हैं।

इसी प्रकार कई छात्र सायं को कुछ देर घूमना पसन्द करते हैं। कई छात्र एक जगह चुपचाप बैठना पसन्द करते हैं, तो कुछ छात्र कोई खेल खेलकर स्वयं को तरोताजा महसूस करते हैं। उक्त सभी बातों का अर्थ यह है कि हर छात्र की मानसिक-शारीरिक स्थिति अन्य से अलग होती है। यदि कोई छात्र अन्य छात्र की नकल करता है, तो इससे कोई लाभ नहीं होगा, बल्कि कुछ दिनों बाद वह बहुत परेशान एवं हताश हो जाएगा।

> "दूसरों का वैभव, दूसरों की समृद्धि देखकर स्वयं को तुच्छ न समझें। उनके पास हो सकता है, धन की अधिकता हो, लेकिन जीवन के सुख एवं वास्तविक खुशी आप से कम हो।"

कई छात्र तो बिना सोचे-समझे, अन्य छात्र द्वारा खरीदी हुई किताबें/गाइड खरीद लेते हैं। अधिकांश नकल करने का कारण आत्मविश्वास में कमी होती है। हमारा निवेदन है कि सफलता के लिए आत्मविश्वास बनाकर रखें एवं अपनी मेहनत पर विश्वास रखें। समय का स्वयं की प्रवृत्ति के अनुसार उचित नियोजन करें एवं बिना किसी अन्य छात्र की नकल किए, अपनी क्षमता/योग्यता के अनुसार प्रयास करें, आपको सफलता अवश्य मिलेगी।

9. मोबाइल का दुरुपयोग

छात्र वर्ग को सबसे ज्यादा हानि अगर आज किसी आविष्कार ने पहुँचाई है, तो वह है—मोबाइल एवं इण्टरनेट। किसी भी स्कूल, कॉलेज एवं रेस्तरां में अवकाश के समय जाकर देखें, तो आपको यह देखकर आश्चर्य होगा कि अधिकांश छात्र-छात्राएँ मोबाइल पर बात करने में मशगूल हैं। उनके बात करने के अन्दाज से ही पता चल जाता है कि वे किससे बात कर रहे/रही हैं।

कितने समय तक मोबाइल पर बात की जाती है, यह यद्यपि व्यक्तिगत है, लेकिन बहुत अधिक समय मोबाइल पर बात करने में व्यर्थ होता है। क्लास में पढ़ते समय, घर पर पढ़ते समय, हर समय मोबाइल पर कॉल्स या मैसेज का आदान-प्रदान होता रहता है, यह सब क्या है? ऐसी कौन-सी महत्त्वपूर्ण बात की जा रही है? क्या मोबाइल आपके अभिभावकों द्वारा आपको इसलिए दिलाया गया था?

बहुत खेद एवं दुःख की बात है कि लड़के-लड़कियाँ अपनी-अपनी पढ़ाई की ओर ध्यान न देकर, एक-दूसरे से मोबाइल पर बात करने में, मैसेज करने में समय व्यर्थ करते हैं। वैसे यह उम्र का दोष है, इस समय शरीर में पूरी ऊर्जा होती है, भरपूर उत्साह रहता है। लड़के-लड़कियाँ जब साथ-साथ पढ़ते हैं, तो मित्रता भी होती है, लेकिन यह समय ही आपको अपने भविष्य निर्माण हेतु मिला है।

यह समय बहुत संयम एवं धैर्य से चलने का है। इस समय को एक तपस्वी की तरह आपको अपनी क्षमता योग्यता के अनुरूप, अपने लक्ष्य की प्राप्ति हेतु लगाना है।

मोबाइल पर बात करना निश्चित ही लड़के-लड़कियों का एक लुभावना आकर्षण है, लेकिन आपको अपने भविष्य के सन्दर्भ में सोचते हुए, इस आकर्षण से दूर रहकर, सफलता की डगर पर स्वयं को अग्रसर करना है।

मोबाइल पर हमेशा बात करने से उसके रेडिएशन का असर आपके दिमाग पर भी होता है, यह भी ध्यान रखें। साथ ही एक समय निर्धारित कर लें, जब आपको मोबाइल पर बात करनी है। अपने अभिभावकों से बात करने का समय भी निश्चित कर लें और इसके अतिरिक्त प्रयास करें कि आप अपना मोबाइल बन्द रखें।

वर्तमान समय में यह करना बहुत मुश्किल कार्य है, लेकिन जब प्रश्न अपने भविष्य निर्माण का है, तो इस मुश्किल कार्य को करना ही होगा। जब आपका मोबाइल आपके दोस्तों को स्विच ऑफ (बन्द) मिलेगा, तो धीरे-धीरे अपने आप ही कॉल्स आना बन्द हो जाएँगी। आवश्यकता है—स्वयं पर नियन्त्रण रखने की, संयम रखने की तथा एकलव्य की तरह अपने लक्ष्य के संधारण की।

10. असफलता से भय

बहुत से छात्र असफलता के भय से आशंकित रहते हैं, खूब मेहनत करते हैं, पूरे समर्पित होकर पढ़ाई करते हैं, सब कुछ अपनी क्षमता/योग्यता के अनुसार करते हैं, लेकिन फिर भी उन्हें अपने असफल होने की आशंका बनी रहती है। यह एक अच्छी स्थिति नहीं है। इस स्थिति का अर्थ है कि छात्र में आत्मविश्वास की कमी है। वह दूसरे छात्रों को स्वयं से श्रेष्ठ समझ रहा है। वह स्वयं को अन्य से कमतर समझ रहा है।

इसका यह भी कारण होता है कि वह जिन छात्रों के साथ रहता है, बातचीत करता है, तो उनके द्वारा बताई गई बातों के कारण वह स्वयं को हीन समझ रहा है। कई छात्र, दूसरे छात्रों का विश्वास डिगाने के लिए खुद की तैयारियों को बहुत बढ़ा-चढ़ाकर बताते हैं, जिससे अन्य छात्रों का स्वयं से विश्वास डिग जाता है।

देखिए, हर छात्र की कुछ अपनी कमजोरी होती है, कुछ खासियत होती है। आपको अपनी कमजोरियों को दूर करना है और अपनी तरफ से पूरी मेहनत करनी है। स्वयं पर, स्वयं की मेहनत पर विश्वास रखें और सब ईश्वर पर छोड़ दें।

यदि आप अपने जो बस में है, वह सब कुछ कर रहे हैं, तो इससे ज्यादा न आप कर सकते हैं, न आपकी क्षमता है, तो फिर घबराने की आवश्यकता क्या है? यदि आप स्वयं के समर्पण से सन्तुष्ट हैं, तो कोई घबराने/भयभीत होने की बात है ही नहीं।

बस अपनी क्षमता/योग्यतानुसार अपना सम्पूर्ण प्रयास करें। सब कुछ सही होगा और कई छात्र, जो अपने आपको तीस मार खाँ समझते हैं, वे अधिकांश असफल होते देखे जा सकते हैं।

सर्वप्रथम, स्वयं पर विश्वास रखें। दूसरी, किसी भी लक्ष्य को प्राप्त करने के लिए अपनी तरफ से कोई कसर नहीं छोड़े। तीसरी, पूरी ईमानदारी से अपने लक्ष्य संधारण में जुट जाएँ।

> *"वैसे भी असफलता तो सफलता की सीढ़ी है। हर सफलता के गर्भ में कितनी ही असफलताएँ छिपी रहती हैं।"*

असफलता से भयभीत न हों, पूरी मेहनत से प्रयास करें। फिर भी यदि असफल हो जाते हैं, तो स्वयं की कमियों का ईमानदारी से आकलन करें। अपनी कमियों को यदि आप समझ सकें, जान सकें, तो उन्हें दूर करें और पुन: पूरे जोश-खरोश से, पूरे उत्साह से अपने प्रयासों को गति दें, सफलता आपका आलिंगन करेगी।

वस्तुत: असफलता का भय या तो स्वयं की कुछ ऐसी कमजोरियाँ हैं, जिन्हें छात्र दूर न कर पाए हों या आत्मविश्वास की कमी। बिना अपनी कमजोरियों को दूर करें, इस प्रतिस्पर्द्धा के युग में सफलता प्राप्त करना संदिग्ध ही है। अत: सर्वप्रथम अपनी कमजोरियों को जानें एवं दूर करें, फिर पूर्ण आत्मविश्वास के साथ ईश्वर का ध्यान करें एवं तैयारी करें, सफलता अवश्य मिलेगी।

टॉपर्स क्या कहते हैं?

आज जो छात्र टॉपर्स की श्रेणी में शामिल हैं, उनमें अन्य से, कुछ तो अलग विशेषता होती है। इस अध्याय में हमने कुछ ऐसे बिन्दुओं का वर्णन किया है, जो टॉपर्स द्वारा बताए गए हैं। इस अध्याय का उद्देश्य आपको सफलता के उन सीक्रेट्स की जानकारी देना है, जो आपको जीवन में बुलन्दियाँ छूने में मदद करेंगे।

1. कड़ी मेहनत करें, स्वयं पर विश्वास रखें। जब अन्य कोई सफल हो सकता है, तो मैं क्यों नहीं?

2. परीक्षा में अच्छे अंक प्राप्त करने के लिए, गम्भीरता से की गई कठिन मेहनत, एकाग्रता से पढ़ाई एवं सभी प्रकार के विघ्नों से दूर रहकर, विषयों के बेसिक्स को समझने की आवश्यकता है।

3. जिस अभीष्ट परीक्षा में सफल होना चाहते हैं, तो उसकी पढ़ाई/तैयारी काफी पहले से प्रारम्भ करने की आवश्यकता है। वर्तमान प्रतिस्पर्द्धात्मक युग में आपको ज्ञात नहीं है कि आपके प्रतिस्पर्द्धी कितनी तैयारी कर रहे हैं।

4. कठिन परिश्रम एवं लगन से प्रयास करने वालों को तो सफलता मिलती ही है। ईश्वर ऐसे ही बच्चों का साथ देता है।

5. मोबाइल फोन का अधिक उपयोग एवं अधिक मित्र दोनों ही सफलता के दुश्मन हैं। शानदार सफलता के लिए इनका त्याग करना ही होगा।

6. परीक्षा के दिनों में तनावमुक्त एवं स्वस्थ रहना भी कठिन मेहनत के साथ आवश्यक है।

7. योजनाबद्ध पढ़ाई, स्वअनुशासन, अभीष्ट परीक्षा के अनुसार तैयारी, सफलता के लिए अति आवश्यक तत्त्व हैं।

8. अपनी कमियों, कमजोरियों का ईमानदारी से आकलन कर, समय से तैयारी करने वालों को सफलता अवश्य मिलती है।

9. आप पढ़ाई में रुचि लें, बोझ समझकर न ढोएँ। पूरी मेहनत करें, ईमानदारी से मेहनत करें, ईश्वर में आस्था रखें, सफलता अवश्य मिलेगी।

10. कड़ी मेहनत एवं लगन से प्रयास करने के अतिरिक्त अपनी कमियों को सुधारने की भी आवश्यकता है।

11. सफलता के लिए, शॉर्टकट नहीं, बल्कि पूरी निष्ठा से की गई कठिन मेहनत की आवश्यकता है। आत्मविश्वास एवं संकल्पशक्ति आपको प्रयास करते रहने की ऊर्जा प्रदान करती है।

12. शीर्ष तक पहुँचने की महत्त्वाकांक्षा, कठिन मेहनत, आत्मविश्वास एवं दृढ़ संकल्पशक्ति के बल पर ही पूरी की जा सकती है।

13. नियमित तैयारी, स्वअनुशासन, कठिन मेहनत के साथ अपनी कमज़ोरियों का निराकरण करने से सफलता अवश्य मिलती है।

14. किसी भी अभीष्ट परीक्षा हेतु आप उस समय तक अपनी तैयारी को पूरी नहीं समझें, जब तक आप यह सोचते हैं कि काश तैयारी हेतु 7 से 15 दिन और मिल जाते। यह सोच आपकी उस अभीष्ट परीक्षा हेतु तैयारी की अपूर्णता को व्यक्त करती है।

15. स्वयं की योग्यता/क्षमता का आकलन करने के बाद ही अपनी महत्त्वाकांक्षा की पूर्ति हेतु कदम बढ़ाने पर, आप अवश्य सफल होंगे।

अभिभावकों का दायित्व

***

बच्चों के सर्वांगीण विकास के लिए अभिभावकों को न केवल उनमें चारित्रिक एवं नैतिक गुणों के प्रति विश्वास एवं सम्मान पैदा करने की आवश्यकता है, बल्कि उनमें साहस, जागरूकता एवं जिज्ञासा की प्रवृत्ति को विकसित करना भी अत्यन्त अनिवार्य है। अभिभावकों द्वारा दिए गए संस्कारों से ही बच्चों का व्यक्तित्व पूर्ण प्रखरता से पल्लवित हो सकता है।

***

अभिभावकों का दायित्व

छात्र की सफलता में उचित मार्गदर्शन की अहम् भूमिका होती है, क्योंकि बिना उचित मार्गदर्शन के सफलता संदिग्ध रहती है, इसलिए अभिभावकों का प्रथम दायित्व छात्र का उचित मार्गदर्शन करना है।

वर्तमान प्रतिस्पर्द्धा के युग में, एक तरफ़ आज के छात्र को अपने साथियों के साथ जबरदस्त प्रतिस्पर्द्धा का सामना करना पड़ रहा है, तो दूसरी ओर उसके चारों तरफ़ फिसलन भरे, लुभावने एवं गलत रास्ते हैं। नैतिकता एवं ईमानदारी समाप्तप्राय हो चुकी है। अश्लीलता चारों तरफ़ बिखरी पड़ी है। नैतिक मूल्यों का लगातार ह्रास होता जा रहा है।

आज के युवा वर्ग को कोई आदर्श व्यक्तित्व नज़र नहीं आता है, जिसे वह अपना आदर्श मान सके और स्वयं को उसके अनुरूप बनाने का प्रयास करे। ऐसे वातावरण में क्या युवा पीढ़ी को अकेला छोड़ देना सही होगा? क्या अभिभावकों का दायित्व मात्र अपने बच्चों के लिए वित्तीय प्रबन्धन तक ही सीमित है? क्या अभिभावकों का दायित्व अपने बच्चों का समुचित मार्गदर्शन एवं देख-रेख करना नहीं है?

युवा पीढ़ी में अनुभव की कमी होती है, साथ ही उसमें ऊर्जावान उत्साह भरपूर होता है, नई-नई चीज़ों के बारे में जानने की उत्कट इच्छा होती है, नए अनुभव करने को मन करता है। ऐसी मन:स्थिति

में यदि उसके पैर डगमगाते हैं, तो कोई बहुत अनहोनी जैसी बात नहीं है। पैर डगमगाने की स्थिति के लिए भी अभिभावक ज़िम्मेदार कहे जा सकते हैं, जिन्होंने बच्चे को इस तरह की परिस्थितियों के सम्बन्ध में अवगत नहीं कराया। वर्तमान समय में बहुत आवश्यक है कि अभिभावक बच्चे को बहुत संयम से, मित्रवत्, इन बातों का ज्ञान कराएँ। अख़बार में, टी.वी. में व अपने आस-पास हो रही घटनाओं की चर्चा करते हुए, सही रास्ता क्या होना चाहिए एवं गलत रास्ते पर चलने के क्या नुकसान हैं, गलत रास्ते पर चलने का असर बच्चों के भविष्य पर, परिवार की सामाजिक स्थिति पर क्या पड़ सकता है, इन बातों को यदि बच्चों को समझाया जाए, तो बहुत कुछ दुखद स्थिति से बचा जा सकता है। लड़कों के सम्बन्ध में पिता की भूमिका एवं लड़की के सम्बन्ध में माता की भूमिका इस प्रकार से बच्चों का मार्गदर्शन करने में बहुत अहम् होती है।

अभिभावकों से निवेदन है कि निम्न बिन्दुओं पर अवश्य गौर फरमाएँ

① बच्चों को असफलता सहना सिखाएँ

सफलता एवं असफलता एक सिक्के के दो फलक की तरह हैं। सिक्के उछालने पर दोनों में से कोई एक फलक ही सामने आता है। बच्चा प्रयत्न करता है तो वह असफल भी हो सकता है। असफल होने पर वह स्वयं बहुत दु:ख में डूबा रहता है और बहुत निराशा जैसी अवस्था में होता है। उसे लगता है कि वह एक वर्ष पीछे रह जाएगा, उसके साथी उससे आगे निकल जाएँगे। वह स्वयं को बहुत हीन एवं दु:खी महसूस करता है।

इस समय पर उसे चाहिए सच्चा हमदर्द, उसके दु:ख को समझने वाला एवं उसे सही सलाह, मार्गदर्शन देने वाला एवं उसे वास्तव में ढाँढ़स बँधाकर, हर हालत में उसका मनोबल बढ़ाकर, उसका साथ देने वाला। यह सब अभिभावकों के अतिरिक्त कोई नहीं कर सकता। इस समय माता-पिता को बहुत संयम से, बहुत धैर्यपूर्वक अपने

बच्चों का साथ देने की आवश्यकता है। बच्चों के असफल रहने पर माता-पिता को भी दुःख होता है, लेकिन यह समय अपने दुःख को प्रकट करने का नहीं, बल्कि अपने बच्चों के आत्मविश्वास को बनाने का, उसके मनोबल को बढ़ाने का है। वैसे जब भी बच्चा किसी भी परीक्षा की तैयारी करता है, तो माता-पिता को यह बात बच्चे को बहुत अच्छी तरह से समझा देनी चाहिए कि उसका कर्त्तव्य अपनी पूरी लगन एवं निष्ठा से मेहनत करने का है। सफल होना, नहीं होना महत्त्वपूर्ण नहीं है। ऐसे बहुत से उदाहरण हैं, जहाँ विद्यार्थी किसी अभीष्ट परीक्षा में सफल न हो पाने के कारण अपना अन्य कोई व्यवसाय प्रारम्भ करता है और वहाँ इतनी प्रतिष्ठा एवं दौलत कमाता है, जो वह उस अभीष्ट परीक्षा में पास होने के कारण कभी नहीं कमा सकता था।

वैसे यह बिल्कुल सही बात है कि हमें पता नहीं कि हमें कहाँ पहुँचना है, कहाँ हमें ईश्वर ले जाना चाहता है। आज की असफलता, दूसरे शानदार मार्ग पर जाने की एक सीढ़ी भी तो हो सकती है। इस तरह के उदाहरणों से हम बच्चे को असफलता सहने के लिए तैयार कर पाते हैं। आजकल कई बच्चे परीक्षा परिणाम के प्रति इतने अधिक संवेदनशील हो जाते हैं कि वे परीक्षा परिणाम अनुकूल न आने पर आत्महत्या जैसा गलत कदम भी उठा लेते हैं। अत: अभिभावकों का यह महत्त्वपूर्ण दायित्व है कि वे बच्चों को असफलता सहने हेतु तैयार करें।

''बतौर अभिभावक क्या हम अपने बच्चों को
ऐसे पलों में जीना सिखाते हैं, जो सालों बाद भी
उनकी यादों में ताज़ा रहें? यदि ऐसा है तो
हम अच्छे अभिभावक हैं और नहीं है, तो ऐसा
करने की ज़रूरत है। सोच क्या रहे हैं आप।
आज से ही तैयार करें अपने आपको। आज से अच्छा
शुभ दिन इस शुभ कार्य के लिए कभी नहीं होगा।''

② अपनी इच्छाएँ बच्चों पर न थोपें

बहुत से माता-पिता/अभिभावक अपनी अपूर्ण इच्छाएँ या अपनी महत्त्वाकांक्षाएँ अपने बच्चों के माध्यम से पूरी करने हेतु उन पर इतना मानसिक दबाव बना देते हैं कि वह बच्चा अपनी स्वयं की इच्छा भूल जाता है।

यदि कोई व्यक्ति अपने जीवन में किसी अभीष्ट परीक्षा में सफल नहीं हो पाता है, तो कई बार ऐसे व्यक्ति अपनी इच्छाओं की पूर्ति अपने बच्चों के माध्यम से करना चाहते हैं।

एक परिवार में लड़की की माता अपने जीवन में डॉक्टर बनना चाहती थी, लेकिन वह डॉक्टर हेतु योग्यता परीक्षा में सफल न हो पाई। अब उस महिला ने अपनी लड़की को डॉक्टर बनाने की जिद पकड़ ली और उसे बहुत पहले से ही यह कहने लगी कि ''तुम्हें हर हालत में डॉक्टर बनना है।''

लड़की का दिमाग इतना तेज़ नहीं था, अत: वह दो बार डॉक्टरी हेतु आवश्यक परीक्षा में फेल हो गई। उसने अपना रोल नम्बर भी अपनी माँ को नहीं बताया। जब वह दूसरी बार फेल हो गई, तो उसने आत्महत्या करने का प्रयास किया। उसने अपने सुसाइड नोट में आत्महत्या का कारण, अपनी माँ की इच्छा पूर्ण करने में असफल होना बताया। यद्यपि उस लड़की को बचा लिया गया।

''सुनिश्चित लक्ष्य का निर्धारण न कर सकने वाले व्यक्ति का मन बन्दर की भाँति इधर-उधर भटकता रहता है। कभी वह खिलाड़ी बनना चाहता है, कभी वह वैज्ञानिक, तो कभी वह डॉक्टर या इन्जीनियर। एक दिशा में अपनी क्षमताओं का नियोजन न कर पाने के कारण वह किसी भी क्षेत्र में पूर्णतया सफल नहीं हो पाता है।''

इस तरह की कई घटनाएँ हमें आस-पास देखने-सुनने को मिल जाएँगी। माता-पिता का दायित्व है कि वह बच्चों का प्राकृतिक विकास होने दें। उन्हें मेहनत करने के लिए प्रोत्साहित करें। आप उससे जो चाह रहे हैं, उसमें उस बच्चे की पसन्द है, उसकी इच्छा है, तो उसे करने हेतु उसके मार्गदर्शक बनें, लेकिन दबाव बनाकर, उसे बार-बार यह कहकर कि तुम्हें हर हालत में इस परीक्षा में पास होकर अपने माता-पिता की इच्छा पूरी करनी है या किसी अन्य प्रकार से उस पर मानसिक दबाव नहीं बनाया जाना चाहिए।

3 बच्चों को समय दें, उन पर निगरानी रखें

जिन बच्चों के माता-पिता दोनों ही नौकरी-पेशा वाले हैं, उनकी मजबूरी मानी जा सकती है कि वे बच्चों को पूरा समय नहीं दे पाते, लेकिन यहाँ यह भी एक महत्त्वपूर्ण बिन्दु है कि जितना आवश्यक नौकरी करके पैसा कमाना है, उतना ही या उससे भी ज्यादा आवश्यक अपने बच्चों को समय देना, उनमें अच्छे संस्कार पैदा करना तथा उन्हें भावनात्मक सहारा देना भी है। यदि आप अपने बच्चों को अच्छा नागरिक नहीं बना सकते, तो फिर किसके लिए और किस लिए नौकरी की जद्दोजहद कर रहे हैं। क्या केवल स्वयं के अहम् की पूर्ति के लिए? क्या पैसा कमाना, पैसा इकट्ठा करना (क्योंकि खर्च करने का तो समय ही नहीं होता है।) अपने बच्चों से ज़्यादा महत्त्वपूर्ण है?

बहुत से अभिभावक ऐसी गलती करते हैं कि वे पैसे कमाने की अन्धी दौड़ में इस गति से शामिल हो जाते हैं कि वे अपने माता-पिता के दायित्व को भूल जाते हैं। जब कभी कोई बच्चा उनसे यह शिकायत करता है कि ''आपके पास हमारे लिए समय नहीं है'', तो ऐसे माता-पिता का कुतर्क होता है कि यह सब हम आपके (बच्चे के) लिए ही तो कर रहे हैं। इस तरह के कुतर्क, बच्चों की

समझ से बाहर हैं और यह एक गलत बात है कि आप अपने अहम् की तुष्टि को 'बच्चों के लिए' कहकर पूर्ति करो। कुछ माता-पिता तो ऐसे भी होते हैं कि वे बिना किसी उपयुक्त कारण के बच्चों को समय नहीं देते हैं। पिता अपने दोस्तों के साथ रात तक व्यस्त रहते हैं, माताएँ किट्टी पार्टीज में, इधर-उधर शॉपिंग में समय व्यतीत करती हैं। ऐसे माता-पिता के पास सब कार्यों के लिए समय है, लेकिन बच्चों के लिए समय नहीं है।

कुछ अभिभावक अपने व्यवसाय में इतने तल्लीन हो जाते हैं, उसे आगे बढ़ाने में इतने मशगूल हो जाते हैं कि बच्चों के प्रति भी उनका कोई कर्त्तव्य है, दायित्व है, यह भूल जाते हैं। बस पैसा कमाना, और कमाना और बढ़ाना जैसे उनके जीवन का उद्देश्य हो जाता है।

ऐसे माता-पिता बच्चों को प्यार/स्नेह की पूर्ति पैसे से खरीदे हुए सामान से करते हैं। बच्चे के जन्मदिन पर अपने अहम् की तुष्टि के लिए बड़ी-सी पार्टी का आयोजन, उसे महँगी गिफ्ट देकर, अपने कर्त्तव्य की इतिश्री समझ लेते हैं। उनके पास बच्चों को देने के लिए पैसे तो हैं, लेकिन समय नहीं।

''यह दुनिया, कायरों एवं डरपोकों के लिए नहीं, बल्कि साहसी एवं शूरवीरों के लिए बनी है। साहसी एवं निर्भीक बनो। अवसर की प्रतीक्षा में न बैठो, आज का अवसर ही सर्वोत्तम है।''

अब आप सोचिए, ऐसे बच्चे, जिनको माता-पिता द्वारा समय नहीं दिया जाता है, स्वयं को कितना अकेला, कितना निराश्रित समझते होंगे। जैसा हमने पहले बहुत जगह पर लिखा है, वर्तमान जहरीले व लुभावने वातावरण में, ऐसे बच्चे फिसल जाते हैं और कुछ ड्रग लेने लग जाते हैं, तो कुछ आपराधिक चरित्र के लोगों के चंगुल में फँस जाते हैं। शराब व शबाब उनके जीवन का अंग बन जाता है। वे किस

हद तक, किसी कुचक्र में फँस सकते हैं, इसकी कल्पना भी नहीं की जा सकती है। छोटी-छोटी लड़कियों के सम्बन्ध अपने सहपाठियों से हो जाते हैं, नौकरों से हो जाते हैं। उनके एम. एम. एस. बनाकर वे ब्लैकमेल का शिकार हो जाती हैं। उन सबके लिए बहुत हद तक वे अभिभावक/माता-पिता ज़िम्मेदार हैं, जो अपने बच्चों को समय नहीं दे पाते, उन पर निगरानी नहीं रख पाते।

निगरानी रखने का अभिप्राय बच्चों की जासूसी करना नहीं है, बल्कि उनके हाव-भाव, उनके व्यवहार में आ रहे परिवर्तनों पर निगाह रखना है। कौन-कौन उनके मित्र हैं? कहाँ-कहाँ बच्चे जाते हैं? मोबाइल पर किस-किस से बात करते हैं, क्या बात करते हैं? ये सब बातें ऐसी हैं जिन पर थोड़ा ध्यान देने से, बहुत कुछ बच्चों के सम्बन्ध में जाना जा सकता है।

एक पिता द्वारा अपनी पुत्री का मोबाइल एक सप्ताह में कभी भी 2 घण्टे के लिए अपने पास रख लिया जाता था। पिता न तो आने वाले कॉल्स को रिसीव करते, न ही काटते थे, लेकिन इसका परिणाम यह था कि पुत्री के पास न तो फालतू कॉल्स आते थे, न ही मोबाइल का दुरुपयोग होता था। अगर आप बच्चों की कॉपियों, किताबों को कभी खंगाल लेंगे, उनके स्टडी रूम को चैक कर लेंगे, तो बहुत कुछ जानकारी आपको मिल जाएगी और आपको लगता है कहीं कुछ गड़बड़ है, तो बच्चों को डाँटे नहीं, प्यार से, स्नेह से जानकारी करें, उसके दोस्तों से अपरोक्ष रूप से पता लगाने का प्रयास करें। अध्यापकों से पूछें।

बच्चों के प्रति उदासीनता/निरपेक्षता उचित नहीं। बच्चे बहुत कोमल, एक कोरे कागज़ की तरह होते हैं, वे स्वयं को बहुत होशियार एवं चतुर समझते हैं, लेकिन इस दुनिया के ज़हर से वाकिफ़ नहीं होते। कब धोखा खा जाएँगे, पता नहीं। अत: बहुत आवश्यक है कि बच्चों को समय दें, अपना व्यवहार ऐसा रखें कि वे आपसे अपनी समस्या बता सकें; वे आपसे सहायता माँग सकें। मित्रवत् एवं स्नेहजनित व्यवहार तथा सतर्क निगरानी दोनों आवश्यक हैं।

4 बच्चों को स्वावलम्बी बनने दें

देखने में आता है कि बहुत से अभिभावक बच्चों की देखभाल इतनी ज्यादा करते हैं कि वे हर कार्य के लिए अपने अभिभावकों पर आश्रित हो जाते हैं।

उन्होंने होमवर्क किया या नहीं। उन्होंने प्रोजेक्ट तैयार किया या नहीं। इन सब पर अभिभावक, अधिकांशतया माताएँ इस तरह नज़र रखती हैं कि यदि बच्चे ने अपना होमवर्क नहीं किया, तो उससे बार-बार होमवर्क करने का आग्रह करेंगी। यदि नहीं किया है, तो स्वयं उसे लेकर बैठेंगी। कई माताएँ तो स्वयं ही होमवर्क कर देती हैं। कई घरों में यह ज़िम्मेदारी पिताश्री उठाते हैं। ऐसा करने से बच्चा आप पर आश्रित हो जाता है, वह समझ जाता है कि होमवर्क की ज़िम्मेदारी उसके अभिभावकों की है।

हम यह नहीं कहते कि आपको यह ध्यान नहीं रखना है कि बच्चे ने होमवर्क किया या नहीं, अपना प्रोजेक्ट पूरा किया या नहीं, लेकिन इसकी ज़िम्मेदारी आपको लेने की आवश्यकता नहीं है। यह कार्य बच्चे को स्वयं करना चाहिए। उसे इसके लिए प्रोत्साहित किया जाना चाहिए। ज़रूरत हो तो डाँट भी लगाई जानी चाहिए, लेकिन किसी भी हालत में यह कार्य माता या पिता द्वारा पूर्ण किया जाना नितान्त गलत है।

आप सोचें, यदि उसने कभी होमवर्क नहीं किया, तो उसे कक्षा में डाँट पड़ेगी, हो सकता है, आपके नाम कोई नोटिंग आ जाए। ऐसा कुछ होता है, तो आप अध्यापक से बात करके समाधान निकालें, लेकिन बच्चों को आप पर आश्रित बिल्कुल न होने दें। इसी प्रकार,

परीक्षा के दिनों में अभिभावक इतने तनाव में रहते हैं कि जैसे परीक्षा उनके बच्चे की न होकर उनकी हो। बच्चा कोई पेपर देकर आया, उससे एक-एक प्रश्न का जवाब पूछना, गलत कर आया तो दु:खी होना। कई माताएँ तो यदि बच्चा किसी प्रश्न का उत्तर गलत दे आया तो रोने लग जाती हैं। उसकी परीक्षा की तैयारी में माता-पिता जोर-शोर से लग जाते हैं।

उसे जल्दी उठाना, फिर स्वयं उसको पढ़ाना, फिर उससे पूछना, इस तरह से सारा माहौल तनावपूर्ण रहता है, जैसे बच्चा परीक्षा नहीं दे रहा हो, बल्कि युद्धस्थल में जा रहा हो। इससे बच्चा, जो स्वाभाविक रूप से अच्छे नम्बर लाकर पास हो सकता था, उसका आत्मविश्वास कुंठित हो जाता है, बस उसे यही लगता है कि उसके अंक तो माता-पिता द्वारा उसके साथ की गई मेहनत का परिणाम हैं।

अभिभावकों द्वारा इस तरह के व्यवहार से बच्चे का आत्मविश्वास कमज़ोर होता है। उसका खुद का वजूद समाप्त होता है। वह जीवन में आगे बढ़ने से पहले आपका सहारा चाहता है। उसमें स्वावलम्बन के गुण का विकास ही नहीं हो पा रहा है।

इसी प्रकार कई अभिभावक, बच्चों को न अकेले ट्यूशन जाने देते हैं, न बाज़ार से कोई सामान खरीदने की उन्हें अनुमति होती है। कई बच्चों की तो फीस भी जमा कराने को अभिभावक ही जाते हैं, चाहे वह कोचिंग संस्थान की फीस हो या स्कूल/कॉलेज की फीस। बाज़ार से कॉपी या कोई किताब भी खरीदनी है, तो पिताजी साथ जाएँगे।

मोबाइल के पैसे भी पिताजी ही जमा कराते हैं। बाज़ार से कोई भी छोटी-सी चीज खरीदनी है, चाहे ज्योमेट्री बॉक्स ही खरीदना है, तो बिना पिताजी के साथ के नहीं खरीदा जा सकता है। इतना अति रक्षक (Over protection) होने से बच्चे का प्राकृतिक विकास रुकता है।

जीवन में संघर्ष करने की उसकी शक्ति क्षीण होती है, दुनिया को समझने की शक्ति पनप ही नहीं पाती है। स्वावलम्बन का गुण जीवन में सफलता के लिए आवश्यक है और हमारा सभी अभिभावकों से निवेदन है कि वे बच्चों में इस गुण को पनपने दें।

⑤ बच्चों में अपव्यय की प्रवृत्ति न पनपने दें

अपव्यय की प्रवृत्ति एक ऐसा दुर्गुण है, जो बहुत तरह की गलत आदतों का जन्मदाता है। अपव्यय करने वाले छात्र के आस-पास सच्चे मित्र नहीं, बल्कि चाटुकार मित्र मँडराते नज़र आते हैं। ऐसे मित्रों का उद्देश्य चमचागिरी करके अपना उल्लू सीधा करना होता है। ऐसे मित्र पीठ पीछे आपके बारे में बहुत प्रकार की अनर्गल (Useless) बातें करते हुए सुने जा सकते हैं।

अपव्यय की प्रवृत्ति से बच्चा अहंकारी बनता है। वह चारों तरफ़ चाटुकारों से घिरा रहने के कारण कुछ घमण्डी हो जाता है एवं उसे सच बात अच्छी नहीं लगती। वह अपने लक्ष्य के प्रति उदासीन हो जाता है और केवल मौज़-मस्ती में ही डूबा रहना पसन्द करता है।

ऐसा बच्चा, कई कुत्सित आदतों का भी शिकार बन सकता है, आपराधिक प्रवृत्तियों में भी लिप्त हो सकता है। लड़कियों के साथ सैर-सपाटा करना, उन्हें महँगे गिफ़्ट देकर उनको प्रभावित करना, जैसे उसके शौक हो जाते हैं। ऐसे बच्चों पर जब कभी अभिभावक

लगाम लगाते हैं, तो अपने गन्दे शौकों को पूरा करने के लिए, वह अपराध भी करने से नहीं चूकता है। आजकल माता-पिता के पास बच्चों को देने के लिए समय का अभाव होता है, तो वे पैसा देकर, अपना स्नेह/प्यार जताना चाहते हैं, जो वास्तव में, अपने बच्चों के जीवन की बर्बादी की शुरुआत का माध्यम बन जाता है। माता-पिता समझते हैं कि वे अपना कर्त्तव्य पूरा कर रहे हैं, लेकिन होता उल्टा ही है।

आजकल बड़े-बड़े घरों के बच्चों का रेव पार्टीज में पकड़ा जाना आम बात है। कार में लड़कियों के संग शराब के नशे में पकड़े जाने, अपने माता-पिता द्वारा बेहिसाब दिए जाने वाले पैसों का दुष्परिणाम ही तो है।

''गलत प्रकार से कमाया गया धन, आपकी एवं आपके परिवार की शान्ति को नष्ट करने का अहम् कारण बनता है, जबकि ईमानदारी से कमाया गया धन, घर-परिवार में सुख, शान्ति एवं वास्तविक समृद्धि लाता है।''

यदि किसी छात्र के माता-पिता गरीब हैं, तो वह बच्चा ट्यूशन करके या अन्य प्रकार से मेहनत करके अपनी शिक्षा का खर्चा पूरा करके, अपने जीवन को सँवारने का प्रयास कर सकता है, लेकिन जिस बच्चे को बेहिसाब पैसा मिलता है, जिसके आचरण पर कोई नियन्त्रण नहीं है, वह जीवन में स्वयं कुछ कामयाबी हासिल कर ले, यह बहुत कठिन कार्य है। वह जो कुछ भी होता है, अपने माता-पिता के पैसों के बल पर। न उसमें आत्मविश्वास होता है, न दृढ़ संकल्पशक्ति, जो उसे जीवन में संघर्ष कर आगे बढ़ने का संबल देती है।

अपव्यय बहुत ही भयानक दुर्गुण है, जो माता-पिता के अनुचित लाड़-प्यार का दुष्परिणाम है।

⑥ बच्चों में अनुशासन लागू करें

देखा गया है कि अधिकांश बच्चों का न उठने का समय है, न खाने का कोई समय, न पढ़ने का कोई समय, न खेलने का कोई समय, न सोने का कोई समय। बस जीवन चल रहा है। वह देर से उठता है तो कह देता है कि रात को देर तक पढ़ रहा था। खाने का कोई समय नहीं। सुबह देर से (कई बच्चे तो 11-12 बजे उठते हैं) उठना, फ्रेश होने का कोई समय नहीं (कई बच्चे पहले कुछ खाते हैं, फिर फ्रेश होने का हिसाब बनता है), कुछ नाश्ता किया, थोड़ी देर पढ़ लिए, नहाए न नहाए, कोई महत्त्व नहीं, फिर स्कूल/कॉलेज को चल दिए, फिर वहाँ से आए, कुछ कैण्टीन में खा लिया तो ठीक, नहीं खाया तो ठीक।

घर पर लंच का समय 3 बजे तो कभी 4 बजे। डिनर का समय रात में 10 बजे। फिर पढ़ना या सोना, सब भगवान भरोसे। यह सब माता-पिता के सामने हो रहा है, सब चुप हैं क्यों? समझ से बाहर की बात है। माता-पिता की यह चुप्पी उस बच्चे को बुरी आदतों का शिकार बना रही है। उसका स्वास्थ्य खराब हो रहा है, वह कब्ज एवं कुपोषण का शिकार होता जा रहा है। इस बात को हर अभिभावक एवं बच्चे को समझ लेना चाहिए कि व्यक्ति की सबसे बड़ी नियामत उसका स्वास्थ्य है। यदि स्वास्थ्य ठीक नहीं है, तो वह कभी परीक्षा में अच्छे अंक प्राप्त नहीं कर सकता।

''आप में से कितने लोगों ने अपने बच्चों से कहा है कि अलमारी के दरवाजों पर फिल्मी कलाकारों की फोटो या पोस्टर लगाना बन्द करो और गम्भीरता से पढ़ाई में जुट जाओ। इन एक्टर, एक्ट्रेस की शक्ल देखकर, इनकी साधना करने से आप परीक्षा में पास नहीं हो सकते हैं।''

लगभग 25 से 30% बच्चे, परीक्षा में अन्य बच्चों से इसलिए पिछड़ जाते हैं, क्योंकि परीक्षा के दौरान वे किसी-न-किसी बीमारी (जैसे—बुखार, दस्त, चक्कर आना इत्यादि) के शिकार हो जाते हैं। याद रहे, परीक्षा में सफलता मात्र कड़ी मेहनत का परिणाम नहीं है, बल्कि आप परीक्षा के दिन प्रश्न-पत्र में क्या लिखकर आए हैं, यह आपका परीक्षा परिणाम बताएगा। सारे साल मेहनत करने वाले बच्चे, खराब स्वास्थ्य के कारण अन्य बच्चों से पिछड़ जाते हैं।

बच्चों में अनुशासन लागू करना, उनमें सही समय पर प्रात: उठने की आदत डालना, सही समय पर नाश्ता, खाना इत्यादि लेने की आदत डालना, निर्धारित टाइम-टेबल के अनुसार पढ़ना एवं समय पर खेलना भी स्वास्थ्य के दृष्टिकोण से आवश्यक है। सही समय पर सोना भी सही समय पर उठने के लिए आवश्यक है।

बहुत से बच्चे अन्य बच्चों की देखा-देखी रात में देर से सोने की आदत डाल लेते हैं। इस बात को थोड़ा ध्यान से समझें कि प्रकृति ने रात सोने के लिए बनाई है एवं दिन काम करने के लिए। वैसे भी रात में पैशाचिक वृत्ति ज्यादा सक्रिय रहती है। अत: जब तक कोई खास कारण नहीं हो, छात्रों को दिन का समय पढ़ाई के लिए प्रयुक्त करना चाहिए।

''कीर्तिमान स्थापित करने वाले पर्वतारोही,
घुड़सवार, जान पर खेलते हुए आगे बढ़ते हैं।
किसी भी प्रतियोगिता में जीतने वाले खिलाड़ी,
अपने पौरुष का उत्कृष्ट प्रदर्शन करते हैं।
विजयश्री का वरण करना उनके लिए ही
सम्भव होता है, जो अपनी पूरी योग्यता/क्षमता
का उपयोग, अपने द्वारा तय लक्ष्य
की प्राप्ति हेतु कर पाते हैं।''

अनुशासन एक ऐसा सद्गुण है, जिसे अपनाने पर आप हर परीक्षा में सफलता की ओर अग्रसर होते हैं। अनुशासन से छात्र में आत्मविश्वास एवं आत्मबल विकसित होता है। बच्चों की संकल्पशक्ति दृढ़ होती है। एक अनुशासनबद्ध छात्र, एक गैर-अनुशासित छात्र से कई गुना बेहतर परिणाम देता है। माता-पिता का यह परम दायित्व है कि वे बच्चों में अनुशासन लागू करें।

बच्चों में नैतिक मूल्यों के प्रति विश्वास पैदा करें

आज के युवा वर्ग में सबसे ज्यादा ह्रास यदि हुआ है, तो वह है—नैतिक मूल्यों के प्रति सम्मान का। युवा वर्ग आज येन-केन प्रकारेण सफल होना चाहता है, चाहे इसके लिए उसे कोई भी हथकण्डा अपनाना पड़े। आज ईमानदारी की बात करना, सच्चाई की बात करना, सदाचरण की बात करना, सब कुछ मिथक की तरह हो गया है। चारों तरफ़ भ्रष्टाचार का आलम है। भौतिकवादिता इस तरह हावी है कि बस कैसे भी हो, अधिक-से-अधिक पैसे कमाए जाएँ। जीवन का जैसे एक ही उद्देश्य बन गया है—अधिक-से-अधिक पैसे कमाना।

बच्चों में बढ़ती जा रही हिंसा की प्रवृत्ति, अपराध प्रवृत्ति, येन-केन प्रकारेण लक्ष्य-प्राप्ति की प्रवृत्ति, इस युग में नैतिक मूल्यों के प्रति असम्मान का कारण है, लेकिन इन सबसे क्या मिला है, युवा वर्ग को या आज के मानव को। भयंकर अशान्ति, मानसिक अवसाद, टूटे हुए घर, आपस में अविश्वास, अपराधों में लिप्तता, खराब स्वास्थ्य, और भी विभिन्न प्रकार के दुर्गुण एवं बीमारियाँ।

पैसा तो खूब कमा लिया है, लेकिन बहुत कुछ ऐसा खो दिया है, जो केवल नैतिक मूल्यों से ही प्राप्त किया जा सकता है। सच बात तो यह है कि आज के अभिभावकों में स्वयं में नैतिक मूल्यों के प्रति सम्मान नहीं है, तो वे बच्चों को क्या संस्कार दे सकते हैं।

आज अधिकांश अभिभावकों की शिकायत है कि बच्चे उनकी सुनते नहीं हैं। बच्चे उनको सम्मान नहीं देते हैं। अब आप सोचें, आपने बच्चों में यह प्रवृत्ति पनपने ही नहीं दी। नैतिकता को आपने अपने जीवन में कभी स्थान ही नहीं दिया, तो आप बच्चों से किसी नैतिकता की अपेक्षा क्यों रखते हैं?

पहले बच्चों को स्कूल-कॉलेज में नैतिक मूल्यों का सम्मान करने को कहा जाता था। अध्यापकगण जीवन में नैतिकता को बहुत महत्त्वपूर्ण मानते थे, बताते थे, अभिभावक भी नैतिक मूल्यों को अपने जीवन में सर्वोपरि मानते थे, लेकिन आज सब कुछ उलट गया है और इसीलिए जीवन में सुकून नहीं है, सदाचार नहीं रहा।

जरूरत इस बात की है कि अभिभावक बच्चों में नैतिक मूल्यों के प्रति आस्था पैदा करें और इसके लिए आवश्यक है कि स्वयं अभिभावक अपने आचरण में शुद्धता लाएँ, आचरण को आदर्श बनाएँ, जिससे उनके बच्चे सही अर्थ में मानव बन सकें तथा परिवार, समाज एवं राष्ट्र का नाम रोशन कर सकें।

''समाज एवं राष्ट्रहित में आवश्यक है कि
मनुष्य अपने विचारों को निर्मल बनाएँ।
कुविचार चोर की तरह हानिकारक हैं।
काम, क्रोध, आवेश, लिप्सा, तृष्णा, लोभ,
मोह, अहंकार, भय, द्वेष, चिन्ता, आशंका
आदि के विचार, आग की भाँति व्यक्ति
को जलाते हैं। ये दुर्गुण व्यक्ति की
मानसिक शान्ति, उसकी प्रतिभा एवं
मानसिक सन्तुलन को नष्ट कर देते हैं।
अतः प्रत्येक व्यक्ति की जिम्मेदारी है
कि वह सुसंस्कारी बने एवं अच्छे विचार,
अच्छे कार्यों हेतु उपयोग में लाए।''

8 बच्चों को स्वास्थ्य के प्रति जागरूक बनाएँ

आजकल अधिकांश छात्रों का स्वास्थ्य खराब पाया जाता है। इसका मुख्य कारण फास्ट फूड का शौक एवं अनियमित दिनचर्या है। देर से सोना एवं देर से उठना, यह आजकल के अधिकांश छात्रों की दिनचर्या है। पेट में कब्ज, सर-दर्द, पेट-दर्द की शिकायत भी सामान्य स्थिति है।

टीनएज लड़कियों में अनियमित मासिक धर्म की सामान्य समस्या है। हम यहाँ कोई मेडिकल रिपोर्ट बनाने नहीं जा रहे हैं, लेकिन माता-पिता/अभिभावकों का यह दायित्व है कि वे अपने बच्चों को स्वास्थ्य के प्रति जागरूक बनाएँ।

बिना अच्छे स्वास्थ्य के परीक्षा के दिनों में तनाव बढ़ने से कई बार छात्र बीमारी का शिकार हो जाते हैं। यह एक ऐसा बिन्दु है, जिस पर न तो छात्र ध्यान देते हैं, न ही अभिभावक। परीक्षा के दिनों में थोड़ी-सी भी बीमारी होने से, वह बच्चों के भविष्य के लिए बहुत भारी पड़ती है।

"एक स्वस्थ व्यक्ति ही वास्तविक खुशी हासिल कर सकता है। यदि प्राकृतिक नियमों, आहार, विहार, सोने-जागने आदि का ठीक से ध्यान रखा जाए, तो व्यक्ति जीवन भर स्वस्थ रह सकता है एवं जीवन का पूर्ण एवं सच्चा आनन्द प्राप्त कर सकता है।"

सारे वर्ष की गई मेहनत पर पानी फिर जाता है। वैसे तो छात्र का स्वयं का दायित्व है कि वह अपने स्वास्थ्य का ध्यान रखे, लेकिन वर्तमान प्रतिस्पर्द्धा के युग में, अभिभावकों को भी बच्चों के खान-पान के सम्बन्ध में जागरूक रहने की आवश्यकता है। समय पर सुपाच्य एवं पौष्टिक भोजन, दूध एवं जूस का नियमित सेवन बच्चों के स्वास्थ्य के लिए आवश्यक है। अधिकांश छात्र अपने स्वास्थ्य के प्रति लापरवाह रहते हैं। परीक्षा के दिनों में वे और अधिक लापरवाह हो जाते हैं। भूख बन्द हो जाती है, तनावग्रस्त हो जाते हैं, खाना-पीना छूट सा जाता है, बिल्कुल अस्तव्यस्त-सी हालत हो जाती है।

ऐसी स्थिति में अभिभावकों की भूमिका बहुत अहम् हो जाती है। छात्रों को भी यह समझ लेना चाहिए कि मात्र कड़ी मेहनत से कुछ नहीं होने वाला। यदि आप परीक्षा के दिनों में स्वस्थ नहीं रह सके, तो सफलता सन्दिग्ध है। परीक्षा के दिनों में, अन्य दिनों की अपेक्षा, छात्र को अधिक तरोताजा एवं ऊर्जावान बने रहने की आवश्यकता है। परीक्षा के दिनों में उसे अधिक ऊर्जा की आवश्यकता होती है।

परीक्षा के दिनों में उसका खान-पान पौष्टिक एवं सुपाच्य होना आवश्यक है। आपका पेट भी ठीक रहना चाहिए। इसके लिए अभिभावकों को बहुत सतर्क एवं जागरूक रहने की आवश्यकता है। यदि सम्भव हो तो प्रातः 15-30 मिनट योग करने से सब कुछ ठीक हो जाता है, लेकिन जब अभिभावक ही योग नहीं करते हों, तो बच्चे कैसे योग कर सकेंगे? कहते हैं, अच्छे मस्तिष्क के लिए, व्यक्ति का स्वस्थ रहना आवश्यक है। अतः स्वयं छात्रों को एवं उनके अभिभावकों को इस सम्बन्ध में जागरूक रहने की आवश्यकता है।

❾ बच्चों की तुलना न करें

बहुत से अभिभावकों को अपने बच्चों में हमेशा कमी एवं अपने दोस्तों के बच्चों में हमेशा खूबियाँ ही नजर आती हैं। अपने पड़ोसियों, अपने मित्रों, अपने रिश्तेदारों के बच्चों द्वारा अर्जित छोटी-सी सफलता पर कई अभिभावक अपने बच्चों को डाँटने-फटकारने लगते हैं। उनको ऐसा लगता है कि उनके बच्चे सबसे निकृष्ट हैं।

वे अपने बच्चों की अन्य बच्चों से तुलना करने लगते हैं। बच्चे ने फीस के लिए पैसे माँगे, कोचिंग या ट्यूशन जाने की अनुमति माँगी, तो पिताश्री शुरू हो जाते हैं, उनको खरी-खोटी सुनाने। उनके बच्चे तो ऐसे हैं, उन्होंने यह कर लिया, वो कर लिया और तुम किसी काम के नहीं।

उन बच्चों के मार्क्स कितने अच्छे आए हैं और तुम्हारे इतने कम। तुम जीवन में कुछ नहीं कर सकते, हमेशा इधर-उधर घूमना एवं आवारागर्दी करने के अलावा और कोई काम नहीं है तुम्हारे पास। केवल हमें दिखाने के लिए किताब लिए पढ़ते हो, तुम्हारा ध्यान तो पता नहीं कहाँ रहता है। तुम जीवन में कभी सफल नहीं हो सकते। हमारा सारा पैसा बर्बाद कर रहे हो।

इस तरह की बातों का कोई अर्थ नहीं है। हो सकता है आपका बच्चा, उतना प्रखर नहीं हो। हो सकता है वह पढ़ाई में उतना अच्छा नहीं हो, लेकिन मात्र पढ़ाई में अच्छे अंक लाना तो सफलता का एकमात्र मापदण्ड नहीं है।

ऐसे बहुत से सफल व्यापारी, राजनेता, अधिकारी, बैंकर्स, वैज्ञानिक, प्रोफेशनल्स हैं, जो पढ़ाई में अच्छे अंक लाने में सक्षम नहीं थे, लेकिन आज सफल व्यक्तियों में उनका नाम गिना जाता है।

इसके अतिरिक्त, दूसरे बच्चों से तुलना करने की अपेक्षा, अपने बच्चों में सुधार हेतु प्रयास करना चाहिए। बच्चों से बात करें, उनकी क्या समस्या है, समझें एवं दूर करने का प्रयास करें।

दूसरे बच्चों से तुलना करने से बच्चों का आत्मविश्वास टूटता है। वह निराश हो सकता है, कोई भी गलत कदम उठा सकता है। जिस पिता से उसे संबल एवं स्नेह मिलना चाहिए, जिसे हर हालत में उसे सँभालने हेतु तत्पर रहना चाहिए, अगर वह ही प्रताड़ित करने लग जाए, तो ऐसा बच्चा अवसादग्रस्त हो सकता है और कई बार ऐसे बच्चे आत्महत्या जैसा गलत कदम उठा लेते हैं। यह बात अभिभावकों एवं बच्चों को बहुत अच्छी तरह समझ लेनी चाहिए कि स्कूल/कॉलेज या अन्य किसी परीक्षा में अच्छे अंकों से पास हो जाना ही सफलता का मापदण्ड नहीं है।

10 बच्चों की समस्याओं को उनके नज़रिए से समझें

अधिकांशतया देखा जाता है कि अभिभावक अपने बच्चों की समस्याओं को या तो नजरअन्दाज कर देते हैं या उनका आकलन अपने नजरिए से करते हैं। बच्चों द्वारा जब कभी अपनी कोई बात या समस्या बताने का प्रयास किया जाता है, तो या तो उसे अनसुना-सा कर दिया जाता है या बिना उसकी बात की गहराई में जाए, उस पर तुरन्त अपना निर्णय दे दिया जाता है। निर्णय लेते समय, बात की गहराई या बताई गई समस्या का आकलन अभिभावक अपने अन्दाज में करते हैं।

इससे बच्चा स्वयं को असहाय एवं उपेक्षित महसूस करने लगता है। मुख्य रूप से लड़कियों के सन्दर्भ में पिता द्वारा लिए गए निर्णय सही नहीं होते हैं। कई बार स्वयं की कमज़ोरियों के सन्दर्भ में भी अनुचित निर्णय लिए जाते हैं।

वैसे हमारे देश में आम आदमी को कई बार अनावश्यक रूप से बहुत-सी परेशानियों का सामना करना पड़ता है, तथापि समस्याओं का समाधान है, हो सकता है, समय अधिक लगे, कुछ परेशानी भी उठानी पड़े।

बच्चों की अपनी समस्या होती है। आजकल बच्चों को, स्कूल/कॉलेज में कई प्रकार की परेशानियों/समस्याओं का सामना करना पड़ जाता है; जैसे—कानूनन रोक लगने के बावजूद रैगिंग होना, लेक्चरर्स द्वारा अनावश्यक परेशान किया जाना, किसी छात्र द्वारा गुण्डागर्दी करना, आते-जाते छात्रों द्वारा लड़की/लड़के पर छींटाकशी करना या किसी प्रकार का भेदभाव अथवा किसी के द्वारा दुर्व्यवहार किया जाना, स्कूटर/मोटरसाइकिल की हवा निकाल देना, दादागिरी से पैसे वसूलना आदि।

इस तरह की परेशानियों/समस्याओं का निदान करते समय अभिभावकों को अपने बच्चों के स्वाभिमान एवं सम्मान का ध्यान रखकर निर्णय लेना चाहिए। तैश या गुस्से में आकर त्वरित लिए गए निर्णय कई बार बहुत बड़ा बखेड़ा भी खड़ा कर देते हैं। कई बार बच्चों की बातें, अभिभावकों के सम्मान की लड़ाई बन जाती है।

कई बार मामला राजनैतिक उठा-पटक का रूप ले लेता है। अतः बच्चों की समस्याओं के प्रति भी बहुत संयम/धैर्य से काम लेना चाहिए तथा बच्चों के नज़रिए को समझते हुए, समस्या का निदान करने का प्रयास करना चाहिए।

11 बच्चों में सकारात्मकता पैदा करें

जीवन में सकारात्मकता का बहुत महत्त्व है। सकारात्मक सोच का व्यक्ति हमेशा आशावादी रहेगा एवं विपरीत परिस्थिति में भी अपने लक्ष्य को प्राप्त करने हेतु प्रयासरत् रहेगा एवं कभी निराशा की बातें, हारने की बात नहीं करेगा। सकारात्मक सोच को बच्चों में जाग्रत करने हेतु, अभिभावकों को बहुत ध्यान से बच्चों द्वारा विपरीत परिस्थितियों में दी जा रही प्रतिक्रिया/कमेण्ट्स पर ध्यान रखने की आवश्यकता है।

बच्चा परीक्षा देकर आया, आपने पूछा कि पेपर कैसा हुआ?

A मेरा तो भाग्य ही खराब है, बस जो चैप्टर छोड़कर गया, उसी में से दो प्रश्न आ गए। *(एकदम उदास एवं निराश दिखाई देता है। निराशावादी, भाग्यवादी दृष्टिकोण)*

B पेपर ठीक तो नहीं हुआ, लेकिन अगले पेपर में इसके मार्क्स कवर कर लूँगा, आप चिन्ता मत करो। *(आशावादी दृष्टिकोण, सकारात्मक सोच)*

यदि आपका बच्चा (A) प्रकार की प्रतिक्रिया व्यक्त करता है, तो उसमें सुधार की आवश्यकता है। उसमें सकारात्मक सोच पैदा करने की आवश्यकता है।

बच्चा पढ़ रहा है, अचानक बिजली गुल हो जाती है।

A ये बिजली भी अभी जानी थी, ऐसा लगता है मेरा तो कल का पेपर खराब हो जाएगा, पता नहीं, बिजली कब आएगी?

B ओह! बिजली चली गई, चलो मैं थोड़ी देर आराम कर लेता हूँ। बिजली आने पर उठकर पढ़ लूँगा। वैसे मेरा कोर्स तो खत्म हो ही चुका है।

यदि आपका बच्चा (A) प्रकार से प्रतिक्रिया व्यक्त करता है, तो उसकी सोच बहुत निराशावादी, आत्मविश्वास से हीन है। उसमें सकारात्मकता का अभाव है। उसमें साहस की कमी है।

ऐसे बच्चों को मनोवैज्ञानिक दृष्टिकोण से सुधारने की, उनमें आत्मविश्वास जाग्रत करने की, उनमें सकारात्मकता पैदा करने की बहुत जरूरत है।

बच्चों में अधिकांशतया (A) प्रकार का चिन्तन माता-पिता/ अभिभावकों की स्वयं की सोच का परिणाम होता है। जब अभिभावकों की प्रतिक्रिया में ही सकारात्मकता का अभाव होगा, तो बच्चा किस प्रकार से सकारात्मक नजरिया रख सकता है। आवश्यकता है बच्चों के समक्ष इस प्रकार की टिप्पणी करने से अभिभावक भी बचें।

जीवन में सफलता के लिए, आत्मविश्वास एवं सकारात्मक चिन्तन बहुत महत्त्वपूर्ण भूमिका अदा करते हैं।

''आपका व्यक्तित्व, आपकी सोच एवं विचारों का दर्पण है। विचारों पर नियन्त्रण रखने से, सकारात्मक सोच के द्वारा व्यक्ति अच्छे कर्म करने को प्रेरित होता है। महापुरुषों के परिमार्जित एवं नियन्त्रित विचारों के कारण ही वे अच्छे कार्य करने में सक्षम हो पाए हैं एवं इसीलिए उन्हें महापुरुष का दर्जा दिया गया।''

ज़रा सोचिए

> ''हर प्रयास का परिणाम या तो सफलता है या असफलता। यह बहुत साधारण बात है। प्रश्न है आपके जीवन की दिशा क्या है? सही मार्ग आपको सफलता की ओर एवं गलत मार्ग आपको गहरे गर्त में धकेल सकता है।''

यदि आपके पिताश्री किसी गलत कार्य को करते हुए पकड़े जाएँ???

यह बहुत ही गलत-सा सवाल प्रतीत होता है, लेकिन यह उन छात्रों, युवा बच्चों के लिए महत्त्वपूर्ण है, जो गलत कार्यों में संलिप्त हो जाते हैं और आज नहीं तो कल पकड़े ही जाते हैं, तो उन्हें यह अहसास नहीं होता कि उनके माता-पिता को कैसी शर्मनाक स्थिति का सामना करना पड़ता होगा।

आप तो अभी युवा हैं, छात्र हैं, आपकी स्वयं की कोई आइडेण्टिटी (Identity) नहीं है। आपको अभी अपने पिता के स्टेटस (Status) से जाना जाता है। यदि आपके पिता किसी रिश्वतखोरी में या अन्य किसी गलत कार्य में संलिप्त पाए जाते हैं, तो आपको कितनी शर्म आएगी।

आपके यार-दोस्तों के बीच आपको कितना अपमानित-सा महसूस होगा। आप स्कूल/कॉलेज में जाने से कतराने लगेंगे। कहीं भी रास्ते में जाएँगे, तो आपको लगेगा कि सब लोग आपके ही बारे में बातें कर रहे हैं, चर्चा कर रहे हैं। अध्यापकों के सामने आप आँख उठाकर बात करने में शर्म महसूस करेंगे। आप स्वयं को धिक्कारेंगे

कि हमारे पिता कैसे हैं, इन्होंने इस तरह का गलत कार्य करने से पहले कुछ सोचा क्यों नहीं? इन्होंने ऐसा गलत कार्य किया ही क्यों? क्या इनको इस बात का बिल्कुल भी ख्याल नहीं आया कि इनके इस प्रकार के कार्य से, उनके परिवार पर, बच्चों के भविष्य पर कितना प्रभाव पड़ेगा? इस तरह के कितने ही प्रश्न आपके जहन में उठेंगे। उठने भी चाहिए, यह सच भी है।

अब आप उस स्थिति पर गौर करें कि आपके माता-पिता अपनी आवश्यकताओं में कटौती करके, अपनी कड़ी मेहनत की कमाई, आपको शिक्षित करने हेतु, आपके भविष्य निर्माण हेतु, आपको भेजते हैं और आप पढ़ाई नहीं करके, गलत रास्ते पर भटक जाते हैं। चाहे जो भी कारण रहे हों, आप अपने लक्ष्य से दूर हट जाते हैं।

कई बार तो आपराधिक कृत्यों में लिप्त हो जाते हैं, प्रेम-प्यार के चक्कर में पड़कर, अपना भविष्य गर्त में मिला देते हैं। लड़कियाँ गर्भवती हो जाती हैं। लड़के किसी परीक्षा में सफल होने की अपेक्षा अभिभावकों को अपनी लव-मैरिज के बारे में सूचित करते हैं। बच्चे रेव पार्टी में या ड्रग लेने, बेचने के आरोप में पकड़े जाते हैं।

अब आप सोचिए, कल्पना कीजिए कि आपके माता-पिता/ अभिभावकों को कैसी शर्मनाक/भयावह स्थिति से गुजरना पड़ता होगा।

यह बात आपको शायद तब बहुत अच्छी तरह समझ में आएगी, जब आपके बच्चे आपको ऐसी ही किसी स्थिति में डालें। इस प्रश्न को आपके समक्ष रखने का उद्देश्य यह है कि युवा पीढ़ी को यह समझाना बहुत आवश्यक है कि उनका किसी गलत कार्य में संलिप्त होना, अपने लक्ष्य से विलग, कोई भी कार्य करने का दुष्परिणाम स्वयं के जीवन का सत्यानाश तो है ही, साथ में आपके अभिभावकों की अपेक्षाओं पर, उनकी आशाओं पर कुठाराघात भी है।

यह सीधा-सीधा, खरा प्रश्न है, इसे बार-बार पढ़ें एवं अपने आचरण को तौलें कि आप क्या कर रहे हैं? क्या आप सही रास्ते पर हैं? यदि नहीं तो अपने आचरण को सुधारें, ईश्वर आपको सद्बुद्धि दे, हिम्मत दे, साहस दे।

यदि आप किसी परीक्षा में विफल रहते हैं, तो क्या करेंगे?

यदि आप किसी अभीष्ट परीक्षा में फेल हो जाते हैं, तो आपसे ज्यादा निराशा किसी को नहीं होगी, ऐसी आपकी सोच हो सकती है। सामान्यतया विफल होने से निराश/हताश होना एक साधारण-सी बात है, लेकिन क्या आपने उनके बारे में सोचा है, जो पास होकर भी स्वयं को कोस रहे हैं।

जिनके 90 प्रतिशत अंक हैं, वे 95 प्रतिशत नहीं आए इसलिए निराश हैं, जिनके 95 प्रतिशत आए हैं, वे 100 प्रतिशत नहीं आए इसलिए दु:खी हैं। दिल्ली विश्वविद्यालय में 99.5 प्रतिशत प्राप्त करने वालों को भी प्रवेश नहीं मिल सका, तो महज पास होने का अर्थ ही क्या हुआ।

परीक्षा में फेल हो जाना क्या जीवन में असफलता का द्योतक है? ऐसे बहुत से सफलतम लोग हैं, जो परीक्षा में तो फेल हो गए, लेकिन उनके नाम का डंका सारे विश्व में बजता है।

महानतम् गणितज्ञ रामानुजम्, जिन्हें विश्व गणित का पर्याय मानता है, हर परीक्षा में फेल होते थे, क्योंकि उन्हें गणित के अतिरिक्त अन्य कुछ भाता ही नहीं था। न्यूटन से लेकर स्पीलबर्ग का परीक्षा परिणाम कभी अच्छा नहीं रहा। आज जो भी सफलतम कॉर्पोरेट्स, राजनेता या व्यापारी आपको नजर आते हैं, क्या वे परीक्षा में टॉपर रहे हैं? नहीं, लेकिन वे फिर भी सफल माने जाते हैं ना।

वस्तुत: हम आपको, हर छात्र को यह समझाने का प्रयास कर रहे हैं कि परीक्षा में असफल होने का अर्थ जीवन में असफल होना नहीं है। वैसे जिस परीक्षा में भी आप विफल रहे हैं, आप पुन: प्रयास करें, अपनी कमजोरियों पर ध्यान दें, उन्हें सुधारें। सफलता अवश्य मिलेगी।

परीक्षा में सफलता *v/s* असफलता......

परीक्षा में सफलता, मात्र कुछ विषयों में की गई मेहनत एवं परीक्षा में सही उत्तर लिखकर आने का ही तो परिणाम है। बहुत-से छात्र कहते हैं कि विफल होने से एक साल खराब हो गया। मैं अपने दोस्तों से एक साल पीछे हो गया।

आपने बिल गेट्स के बारे में सुना होगा। जो साथी उनसे अच्छे अंक लेकर इन्जीनियर बने, उनमें से कई ने बिल गेट्स की कम्पनी में नौकरी की। तो पीछे कौन रहा?

परीक्षा में फेल होना एक साधारण-सी बात है, जिसे सामान्य-सी घटना मानकर चलना होगा। कई बार देखा जाता है कि छात्र किसी परीक्षा में असफल हो जाने पर आत्महत्या तक कर लेते हैं। अभी मध्य प्रदेश में एक परीक्षा में असफल होने पर 12 बच्चों ने आत्महत्या कर ली। कितने दु:ख, आश्चर्य एवं क्षोभ का विषय है? 21वीं शताब्दी में भी परीक्षा में फेल होने को इतना महत्त्व, जबकि पास होने पर भी कैसी भी नौकरी की कोई गारण्टी नहीं। जिस

परीक्षा में पास होने पर, ₹ 5000 की नौकरी के भी आप योग्य नहीं हैं, उसमें असफल रहने पर आत्महत्या??

कितनी बड़ी बेवकूफी, नादानी, गैर-समझदारी की बातें हैं। इसके लिए काफी हद तक जिम्मेदार हैं, आज के अभिभावक। वे अपने बच्चों से इतनी अधिक अपेक्षाएँ रखते हैं, बच्चों पर इतना मानसिक दबाव बना देते हैं कि जैसे बच्चा फेल हो गया तो माँ-बाप की इज्जत बर्बाद हो जाएगी। ऐसे अभिभावक, बिना बच्चों की योग्यता, क्षमता का आकलन करे, उनके माध्यम से स्वयं की अपूर्ण इच्छाओं की पूर्ति करना चाहते हैं। परीक्षा में विफलता से निराशा होती है, यह सच है लेकिन विफलता को गले लगाना सरासर गलत है।

राष्ट्रकवि रवीन्द्रनाथ टैगोर, स्कूल में विफल रहे। सभी साथी उनका मजाक बनाते, लेकिन वे साफ कहते कि पढ़ाई मुझे बाँध देती है। उन्होंने विफलता को अपना लिया। जिन कार्टूनों के किरदारों से हमारी कई पीढ़ियाँ हँसना, खेलना, खिलखिलाना सीखती आई हैं, उनके जनक वाल्ट डिज्नी को एक अखबार के सम्पादक ने यह कहकर बर्खास्त कर दिया कि न आपके पास कल्पनाशक्ति है, न ही कोई रोचक आइडिया।

उसी वाल्ट डिज्नी ने विश्व को अपनी कल्पनाशक्ति के बल पर कितने शानदार कार्टूनों का संसार दिया। वस्तुत: सफलता एवं विफलता, इन पर थोड़ा गहराई से विचार करें तो लगता है कि आज की विफलता, कल सफलता के नए द्वार खोल सकती है एवं आज की सफलता हमें मात्र एक सरकारी या गैर-सरकारी कर्मचारी बना सकती है एवं हमारे वास्तविक टेलेण्ट को पंगु बना सकती है।

वैसे भी विफलता एवं सफलता दो सगी बहनें हैं, हमेशा साथ ही रहती हैं। बिना विफलता के सफलता नहीं मिल सकती और सफलता के बाद पुन: विफलता भी तो सम्भव है। हमारा छात्र वर्ग से अनुरोध है कि विफल होने पर, इस विफलता को गले से न लगाएँ एवं

अपनी कमियों/कमजोरियों को जानकर पुन: प्रयास करें, फिर भी सफलता नहीं मिले तो समझ लें कि आपको जीवन में कुछ नया, कुछ हटकर, कुछ शानदार कार्य करना है।

आप मात्र परीक्षा पास करके, सरकारी या गैर-सरकारी नौकरी करने के निमित्त नहीं बने हैं।

''मनुष्य ऐसा अद्भुत प्राणी है, जिसमें न जाने कितने प्रकार की दिव्य एवं महान् आश्चर्यमयी शक्तियाँ छुपी हुई हैं। ऐसे बहुत-से उदाहरण हैं, जब एक निष्क्रिय व्यक्ति, कोई मानसिक ठेस लगने पर, अपनी जीवनचर्या बदल लेता है एवं एक दिन अपनी महानता के लिए, इस विश्व में पूजनीय बनता है। संस्कृत के महान् कवि कालिदास, डाकू से महर्षि बने वाल्मीकि।''

'कितना समय व्यर्थ करते हैं सोशल साइट्स पर'

आजकल लगभग हर छात्र/छात्रा के सोशल साइट्स (Social sites); जैसे—फेसबुक, वाट्सअप (Facebook, WhatsApp) पर अकाउण्ट्स हैं और लगभग 60-70 प्रतिशत छात्र प्रतिदिन 3 से 5 घण्टे का समय इन साइट्स पर व्यतीत करते हैं। हर लड़के/लड़की के 100 से अधिक लड़के/लड़कियाँ इन साइट्स पर मित्र बने हुए हैं।

जब से स्मार्ट मोबाइल का चलन हो गया है, तब से इन साइट्स पर सर्फिंग करना और भी सरल हो गया है। आपस में लड़के/लड़कियाँ क्या बातें करते हैं? किस तरह की मित्रता है? इन सब बातों को यहाँ

लिखना उचित नहीं जान पड़ता है, लेकिन यह बहुत हैरत की बात है, बहुत क्षोभ का विषय है कि आज का युवा छात्र वर्ग कहाँ, किस दिशा में भटक रहा है। यह बहुत संवेदनशील विषय है, एक भयानक सामाजिक समस्या है। नौजवान पीढ़ी के भविष्य का प्रश्न है। जिस पीढ़ी को देश का कर्णधार माना जाता है, वह तो सोशल साइट्स में डूबकर स्वयं को नष्ट कर रही है। क्या हो रहा है? इन सबका क्या समाधान है?

''ज़रा सोचिए''
Who is Responsible ??????

आखिर बच्चे कहना क्यों नहीं मानते?

बच्चे कहना नहीं मानते, यह शिकायत न केवल स्कूल में अध्यापकों की है, बल्कि घर में माता-पिता भी इस समस्या से बहुत परेशान रहते हैं। उन्हें समझ में नहीं आता कि वे क्या करें? कई बार काफी परेशान, हताश एवं दु:खी हो जाते हैं। समाधान के प्रयास में कई बार पति-पत्नी में आपसी विवाद, मन-मुटाव तक हो जाता है। माता-पिता का विवाद एवं उनकी असमर्थता, बच्चों में और अधिक शैतानी करने का साहस पैदा करती है।

इस सम्बन्ध में मनोवैज्ञानिक जॉर्ज ए. मिलर का कहना है कि ''आज की भागती-दौड़ती हमारी सामाजिक दिनचर्या ने बच्चों को हमसे दूर कर दिया है। पर्याप्त भावनात्मक पोषण एवं सही देख-रेख के अभाव में बच्चे कुछ ज्यादा ही सुनी-अनसुनी करने लगे हैं। उनकी गतिविधियों में कुछ ज्यादा ही शैतानी शामिल हो गई है।''

कई बार यह शैतानी असहनीय हो जाती है। सामाजिक मर्यादाओं का उल्लंघन कर जाती है, तो यह एक बीमारी की तरह हो जाती है। इस बीमारी को विशेषज्ञों ने अटेंशन डेफिसिट डिसऑर्डर (Attention deficit disorder) का नाम दिया है अर्थात् देख-रेख की कमी के कारण उपजा असन्तुलन। पहले यह असन्तुलन विदेशों में ही देखने को मिलता था, लेकिन अब यह भारत के बच्चों में भी पर्याप्त हो गया है। उसका कारण है—माता-पिता दोनों का नौकरी में व्यस्त होना तथा संयुक्त परिवारों का टूटना।

एक संस्था द्वारा किए गए सर्वे के अनुसार वर्ष 2008-09 में भारत में 74 लाख से भी अधिक बच्चे इस बीमारी के शिकार थे। इस बीमारी के प्रमुख लक्षण, एकाग्रता का अभाव, अस्थिर एवं आक्रामक व्यवहार, हीनता, लोगों को आकृष्ट करने वाले कार्यों का करना, ख्याली पुलाव पकाना, अकेलापन, कमजोर याददाश्त, धैर्य की कमी, दूसरों को सताने वाला व्यवहार एवं चोरी करना जैसे छोटे-मोटे आपराधिक कार्य हैं।

प्रोफेसर जीन ह्यूस्टन ने बच्चों की गतिविधियों पर शोध कर अपने निष्कर्षों को निम्न प्रकार से प्रतिपादित किया है.....

उनका कहना है कि "माता-पिता द्वारा बच्चों को समय न दे पाना, उन पर पूरा ध्यान स्वयं न देकर, उन्हें नौकरों एवं अन्य साधनों के भरोसे छोड़ देना, एक अहम् कारण है। दूसरा, बच्चों पर इतना लाड़ लुटाना कि उनकी हर अच्छी-बुरी, जायज-नाजायज माँगों को पूरा करना, उन पर इतनी ज़्यादा निगरानी रखना कि वह स्वतन्त्रता से सोच भी न सकें। इससे उनका स्वतन्त्र विकास नहीं हो पाता है। इस तरह की अत्यधिक निगरानी को भी बच्चों में उक्त विकारों का बड़ा कारण माना गया है।"

वस्तुतः बच्चों का पालन-पोषण करने में एक माली की कुशलता की आवश्यकता होती है। न तो अधिक खाद, न देखभाल की कमी। बच्चे आपकी बात का आदर करें, आपकी बात मानें, इसके लिए आवश्यक है कि आप अपने प्रति बच्चों में विश्वास जगाएँ। उन्हें अपने प्रति प्रेम से आश्वस्त करें।

‘‘इस संसार में हर व्यक्ति, हर वस्तु का
अवसान होना निश्चित है। हर मनोरथ,
हर प्रयास भी सफल नहीं होता है, लेकिन
मनुष्य अन्दर से मज़बूत रहे, यह ही उसका
पौरुष है, सफलता का स्रोत है। समुद्र तट
पर जमी हुई चट्टानें चिर अतीत से,
समुद्र की लहरों के टकराने के
बावजूद, अपने स्थान पर अड़ी बैठी हैं।
न हिलोरों ने टकराना बन्द किया,
न चट्टानों ने हार मानी।’’

बच्चों की शरारत एवं शैतानी में खर्च होने वाली ऊर्जा को यदि सृजनात्मक गतिविधियों में लगाया जा सके, तो बच्चों की प्रतिभा में अभूतपूर्व विकास होगा। वे धीरे-धीरे स्वयं ही सही कार्य करने को प्रवृत्त होंगे। उनमें आत्मविश्वास एवं आत्मसम्मान, आत्मगौरव के भाव जाग्रत होंगे और व्यवहार में सन्तुलन पैदा हो सकेगा। आवश्यक है कि माता-पिता/अभिभावक या अध्यापक बच्चों की शैतानी एवं शरारत को सही परिप्रेक्ष्य में लें, धैर्य से, बहुत सोच-समझकर, बिना आवेश में आए, सही दिशा में कदम उठाएँ।

‘‘जब दिमाग कमजोर होता है,
तो परिस्थितियाँ समस्या बन जाती हैं,
जब दिमाग स्थिर होता है,
तो परिस्थितियाँ चुनौती बन जाती हैं,
जब दिमाग मजबूत होता है,
तो परिस्थितियाँ अवसर बन जाती हैं।’’

अनियन्त्रित होती युवा पीढ़ी

वातावरण में व्याप्त विभिन्न प्रकार के विष की वजह से आज की युवा पीढ़ी, विशेषकर किशोरवय के छात्रों में शालीनता, सभ्यता, विनम्रता जैसे मानवोचित गुणों का दिन-प्रतिदिन ह्रास होता जा रहा है। युवा वर्ग जिस तरह की उच्छृंखल एवं उद्दण्ड गतिविधियों में लिप्त होता जा रहा है, वे न केवल ऐसे युवाओं के लिए, बल्कि उस परिवार, समाज एवं राष्ट्र के विकास में बहुत बड़ी बाधा बनती जा रही हैं। एक अध्ययन से यह तथ्य सामने आया है कि बचपन से ही जिन लड़कों को शरारत, मारपीट तथा बड़ों की अवज्ञा करने की आदत पड़ जाती है, उनमें से 40 प्रतिशत बच्चे 24 वर्ष की परिपक्व आयु तक पहुँचते-पहुँचते कई प्रकार की आपराधिक गतिविधियों में संलिप्त हो जाते हैं। ऐसा ही एक अन्य अध्ययन डॉ. लियोनार्ड डी. इरोन द्वारा किया गया।

उन्होंने 8 से 30 वर्ष के छात्रों की जीवनचर्या का सघन अध्ययन करके यह निष्कर्ष निकाला कि जो बच्चे, बचपन से ही अधिक उद्दण्ड, उग्र एवं झगड़ालू प्रवृत्ति के होते हैं, उनमें से अधिकांश 19 वर्ष की आयु तक स्कूल छोड़ देते हैं एवं विभिन्न प्रकार के अपराधों में लिप्त हो जाते हैं एवं 30 वर्ष के होते-होते वे ऐसे ही बच्चों के पिता बन जाते हैं, जो उन्हीं की तरह उग्र, उद्दण्ड एवं उच्छृंखल प्रवृत्ति के होते हैं। इस तरह से समाज में उद्दण्ड प्रवृत्ति के बच्चों का विषम कुचक्र चलता रहता है, जो समाज की सुसंस्कारित नींव को खोखला करता जाता है।

इस भयानक समस्या के निराकरण के लिए अभिभावक, अध्यापक एवं प्रशासनिक कानून का संयुक्त प्रयास बहुत आवश्यक है। बच्चों के साथ मित्रवत् व्यवहार के साथ, उद्दण्डता हेतु उसे दण्ड का भय भी आवश्यक है। यह दण्ड प्रथम स्तर पर अभिभावकों एवं अध्यापकों द्वारा, लेकिन बाद में कानून का भय भी आवश्यक है। प्रथम अवस्था में अर्थात् प्रथम बार जब भी किसी बच्चे द्वारा ऐसी

माफ न करने योग्य गलती की जाए, उसी स्थिति में समुचित कार्यवाही की जानी आवश्यक है। गलती के लिए समझाने के साथ-साथ समुचित दण्ड, जो उसे मानसिक आघात न पहुँचाए, देना आवश्यक है। शारीरिक दण्ड की अपेक्षा, किसी अधिकार को कुछ समय के लिए छीनना, जेबखर्च में कटौती करना या उसकी किसी प्रिय चीज के उपयोग पर पाबन्दी लगाना अधिक उपयुक्त होता है।

> "जिस तरह अनियन्त्रित गाड़ी कब दुर्घटनाग्रस्त हो जाए, हम नहीं जानते। उसी प्रकार आज की युवा पीढ़ी को सही दिशा की ओर उन्मुख करने हेतु उचित नियन्त्रण एवं सामाजिक वर्जनाओं का पालन करना आवश्यक है।"

दूषित चलचित्र एवं आज का युवा वर्ग

यह एक निर्विवाद तथ्य एवं सत्य है कि व्यक्ति जिस प्रकार के वातावरण में रहता है, जो अपने चारों तरफ़ देखता है, सुनता है, उसका प्रभाव व्यक्ति के मन-मस्तिष्क पर सबसे अधिक पड़ता है। आजकल जगह-जगह पर सिनेमा के हीरो-हीरोइनों के बड़े-बड़े पोस्टर हर गाँव व शहर में लगे दिखाई देते हैं। समाचार-पत्र, पत्रिकाओं में उनकी विभिन्न आकर्षक मुद्राओं में नग्न-अर्द्धनग्न तस्वीर छपी रहती है। टेलीविजन में अधिकांश सीरियल में आजकल हीरो-हीरोइन, गेस्ट के रूप में या अन्य किरदारों में देखे जा सकते हैं।

इण्टरनेट पर भी फिल्मी अभिनेताओं एवं अभिनेत्रियों के चित्र एवं उनकी फिल्मों के वीडियो क्लिपिंग्स उपलब्ध हैं, ये सब आज के किशोरवय बच्चों के मन-मस्तिष्क में इस तरह से रच-बस गए हैं कि युवा वर्ग उन्हें अपना आदर्श मानकर उनका अनुकरण करने में ही अपना सारा समय एवं ऊर्जा व्यय कर रहा है।

इन बच्चों की बातें सुनो तो वे फिल्मों या अभिनेताओं एवं अभिनेत्रियों द्वारा किसी चलचित्र में किए गए रोल की बातें करेंगे। वे गाने गाएँगे तो फिल्मों के, बातें करेंगे तो फिल्मों की, चाल-ढाल में, फैशन में, बातचीत में, फिल्मी हीरो-हीरोइनों का अनुसरण करते देखे जा सकते हैं।

सामान्य ज्ञान की परीक्षा में एक अभ्यर्थी ने 'यूनियन जैक' के बारे में लिखा कि यह ऐसा यन्त्र है, जो बड़े-बड़े भारी वाहनों एवं वायुयानों को उठाने के काम आता है। (यूनियन जैक ब्रिटेन के झण्डे को कहते हैं।) इस प्रकार, वाराह वेंकट गिरी के सम्बन्ध में एक छात्र ने इसे दक्षिण भारत का सबसे बड़ा पर्वत बताया।

यह है देश के कर्णधारों का सामान्य ज्ञान। इन्हीं से यदि किसी फिल्मी अभिनेता या अभिनेत्री के सम्बन्ध में जानकारी की जाए, तो आप दाँतों तले अँगुली दबाने पर मजबूर हो जाएँगे। इतनी विस्तृत जानकारी इन्हें रहती है कि ये उस पर एक बड़ा शोध ग्रन्थ लिख सकते हैं।

आज के किशोरवय के बच्चों के फैशन में जो नग्नता एवं भौंडापन है, उसका कारण भी उनके मन-मस्तिष्क पर फिल्मों का दुष्प्रभाव ही है। केश विन्यास, छोटे एवं तंग कपड़े, शरीर पर टैटू गुदवाना एवं ऐसे टॉप पहनना, जिस पर उल्टी-सीधी बातें लिखी गई हैं, यह सब बच्चे कहाँ से सीखते हैं? इसमें कोई शक नहीं है कि बच्चों में यह प्रवृत्ति सिनेमा की देन है। फिल्मों का एक विषम दुष्प्रभाव बच्चों में बढ़ती नशे की प्रवृत्ति भी है। अधिकांश फिल्मों में एक रईसजादे को कीमती मदिरा का सेवन करते दिखाया जाता है। हीरो द्वारा भी मदिरा का सेवन करते दिखाया जाना एक आम बात हो गई है। आज मध्यमवर्ग का 70-80 प्रतिशत किशोरवय का बच्चा, शादी-पार्टी में मदिरा का सेवन करना अनिवार्य जरूरत समझने लगा है।

इसके अतिरिक्त, बच्चों में बढ़ती आपराधिक गतिविधियों के लिए भी बहुत हद तक सिनेमा को जिम्मेदार माना जा सकता है, लेकिन सारा दोष युवा वर्ग को ही दिया जाए या सिनेमा को ही दिया जाए, यह भी उचित नहीं होगा। पहले घर में दादी-दादा, माता-पिता, बच्चों को

इतिहास की कहानियाँ, वीर पुरुषों, दानवीरों की कहानियाँ, नैतिकता की कहानियाँ सुनाया करते थे, लेकिन आज बच्चों को फिल्मी गाने याद कराए जाते हैं। माता-पिता स्वयं ही जब सारे दिन टेलीविजन को देखने में मशगूल रहते हैं, तो बच्चों में अन्य सुसंस्कार कहाँ से आएँगे।

आज के युवा माता-पिता स्वयं पार्टी में, घर में मदिरा का सेवन करते हैं। वे स्वयं ऐसी उत्तेजक ड्रेस पहनते हैं तो सोचें, बच्चे क्या सीखेंगे एवं उनका आचरण क्या होगा? उनमें कैसे संस्कार का रोपण हो रहा है? और जब ये ही बच्चे माता-पिता से दो कदम आगे बढ़कर किसी नशीली दवा का सेवन करते पाए जाते हैं, तो माँ-बाप आज के वातावरण को दोष देते हैं।

याद रखें *बच्चा हर क्षेत्र में माता-पिता से आगे निकलता है और हर माता-पिता भी यह चाहते हैं। आप भी अपने माता-पिता से हर क्षेत्र में आगे बढ़ने का प्रयास कर रहे हैं, तो फिर आपके बच्चे आपसे आगे बढ़कर कोई ऐसा कदम उठा लेते हैं, तो क्या गलत हुआ?*

आज के बदलते परिवेश में यदि यह कहा जाए कि चलचित्रों को आज से 20 वर्ष पूर्व की स्थिति में ले आया जाए तो यह न तो सम्भव है, न ही उचित है। आवश्यकता है, वातावरण में फैले हुए जहर से बचने की। आवश्यकता है कि हम स्वयं संस्कारी बनें। बच्चों में अच्छे संस्कार डालने हेतु, माता-पिता को संयम, धैर्य एवं कुछ त्याग करना ही होगा। जब तक माता-पिता स्वयं पर नियन्त्रण नहीं रखेंगे, तब तक आपकी अपने बच्चों से नियन्त्रित रहने की, संयम रखने की, आशा रखना गलत ही होगा ना।

"एक बार मिली सफलता, दूसरी
बड़ी सफलता का द्वार खोलती है।
शर्त है कि आप निरन्तर,
वांछित दिशा में अग्रसर होते रहें।"

140 स्कूली छात्र/छात्राएँ सेक्स, स्मोक पार्टी में

15 जुलाई, 2013 को गुड़गाँव (हरियाणा) के एक पब में लगभग 140 स्कूल छात्र एवं छात्राएँ, हुक्का गुड़गुड़ाते हुए, सिगरेट पीते हुए, शराब का सेवन करते हुए पकड़े गए। पार्टी की थीम थी, 'सेक्स एवं स्मोक'। मात्र 14 वर्ष से 20 वर्ष तक के स्कूल के छात्र/छात्राएँ, फेसबुक एवं मोबाइल पर सम्पर्क कर, पब में एकत्र हुए। पुलिस सूत्रों के अनुसार ये बच्चे शहर के धनाढ्य परिवार से ताल्लुक रखते हैं एवं इस तरह की पार्टियाँ ये इस पब में पहले भी कर चुके हैं।

पुलिस द्वारा किसी भी छात्र/छात्रा के विरुद्ध कोई मामला दर्ज नहीं किया गया। अभिभावकों को बुलाकर बच्चों को उनके सुपुर्द कर दिया गया। अभिभावकों ने बताया कि बच्चे किसी मित्र की जन्मदिन की पार्टी की सूचना देकर आए हैं। अभिभावक अपने बच्चों की इस तरह की गतिविधियों में संलिप्तता देखकर भौंचक्के रह गए। उन्हें जबरदस्त झटका लगा। यह सब उनकी कल्पना से बाहर की बात थी।

सोचने का विषय है

समाज में किस तरह नैतिक मूल्यों का पतन हो रहा है। आज नौजवान पीढ़ी जिस रास्ते पर चल रही है, उनका क्या भविष्य है? उनका भावी जीवन कितना दुःखमय हो सकता है! एक बार की फिसलन, जीवन में कभी उठने का मौका नहीं देती है।

कौन है जिम्मेदार ....?
क्या बच्चे.......?
क्या अभिभावक.......?
क्या प्रशासन.......?
क्या समाज.......?

प्रेरणादायक प्रसंग

* * *

सफल लोगों की आपबीती और उनके अनुभव हमें घोर विषम परिस्थितियों में भी कठिन संघर्ष करने के लिए प्रेरित करते हैं। जीवन में ईमानदारी से एकनिष्ठ होकर परिश्रम करने पर व्यक्ति की सभी आकांक्षाओं की पूर्ति सम्भव है। विभिन्न क्षेत्रों में सफल व्यक्तियों की कहानी यही बताती है।

* * *

कुछ प्रेरक कहानियाँ

''कठिनाइयों में पलने वाले बड़े पराक्रम करते देखे जाते हैं, पर जिनका पालन फूलों के पालने में हुआ है उन्हें जमीन पर पैर रखते ही चुभन होती है। कठिनाइयों का सामना करने का उनमें दम ही नहीं होता है।''

बिना हाथ-पैर के जन्मे निक वुजिकिक (Nick Vujicic) आज मोटिवेशनल स्पीकर बनकर लोगों को हौसला दे रहे हैं

4 दिसम्बर, 1982 को ऑस्ट्रेलिया में जन्मे निक के न दोनों हाथ थे, न दोनों टाँगें, बस दो छोटे-छोटे से पैर, जिनमें से एक में मात्र दो अंगुलियाँ ही थीं।

ऐसे बच्चे का जीवन कैसा होगा, यह आप स्वयं कल्पना कर सकते हैं। मानसिक एवं भावात्मक स्तर पर कितना संघर्ष करना पड़ा होगा 'निक' को, शायद हम एवं आप इसकी कल्पना भी नहीं कर सकते। स्कूल में प्रारम्भ में साथियों की हँसी-मजाक का शिकार होने पर वह बहुत हताश हो गए एवं आठ वर्ष की उम्र में आत्महत्या का भी प्रयास किया, लेकिन असफल रहे। बाद में माता-पिता के प्यार एवं स्नेह से, उनमें एक ऐसा आत्मविश्वास जाग्रत हुआ कि उन्होंने सोचा कि उनके द्वारा प्राप्त की गई उपलब्धियाँ उनके जैसे अन्य निशक्तों (Disabled) के लिए प्रेरणास्रोत बन सकती हैं।

धीरे-धीरे 'निक' बिना हाथ एवं टाँगों के कई सामान्य व्यक्ति जैसे कार्य करने लग गए। बाएँ पैर की अँगुलियों में 'पैन' पकड़कर लिखने लग गए। कम्प्यूटर पर 43 शब्द प्रति मिनट की गति से वे टाइप भी करने लग गए। अपने बाल बनाना, ब्रुश करना, फोन करना, शेव करना, तैरना, स्काई डाइविंग जैसे कार्य अपनी निशक्तता के बावजूद 'निक' ने करना प्रारम्भ कर दिया।

सेकण्डरी स्कूल में 'निक' को रनकोर्न स्टेट हाईस्कूल क्वीन्सलैण्ड का कैप्टन चुना गया। 21 वर्ष की उम्र में उन्होंने अकाउण्टेन्सी एवं फाइनेन्शियल प्लानिंग में डबल मेजर के साथ स्नातक की उपाधि हासिल की। आज वे एक मोटिवेशनल स्पीकर की तरह निशक्त एवं सामान्य लोगों को फख्र से, शान से जीने का हौसला दे रहे हैं। लाखों लोगों को अपने भाषण से मन्त्रमुग्ध कर चुके हैं एवं सभी के लिए एक शानदार जीवन्त प्रेरणा के अनूठे स्रोत हैं।

* * *

ब्लड कैंसर के बावजूद जिला मेरिट में आई

राजस्थान के गाँव रामपुरा डाबडी निवासी 17 वर्षीय पिंकी को ब्लड कैंसर है। जयपुर जिले के ग्रामीण क्षेत्र की यह होनहार बाला एक गरीब परिवार से है। पिता कैलाश चन्द रैगर एक प्राइवेट अस्पताल में गार्ड हैं एवं माँ सरिता देवी एक फैक्ट्री में मजदूरी का कार्य करती हैं। इस बालिका ने बारहवीं कक्षा में 90.20% अंक प्राप्त कर सभी को चकित कर दिया। ब्लड कैंसर से जूझते हुए उसने अपनी पढ़ाई बरकरार रखी एवं अपने गाँव और क्षेत्र का नाम रोशन किया।

धन्य है....पिंकी का हौसला।

* * *

पैर गँवा चुकी अरुणिमा ने एवरेस्ट फतह किया

राष्ट्रीय वॉलीबॉल की खिलाड़ी रही अरुणिमा सिन्हा ने देश की प्रथम निशक्त एवरेस्ट विजेता बनने का गौरव हासिल किया है। मंगलवार, 21 मई, 2013 को सुबह 10.44 पर एवरेस्ट शिखर पर पहुँचकर उसने अपना एवरेस्ट विजेता बनने का

सपना पूरा किया। अप्रैल, 2011 में अरुणिमा को गुण्डों ने चलती ट्रेन से नीचे फेंक दिया था।

इस घटना के बाद उनका बायाँ पैर काटना पड़ा था। उत्तर प्रदेश के अम्बेडकर नगर की निवासी अरुणिमा साहस का पर्याय बन चुकी हैं। अपने आत्मविश्वास एवं दृढ़ संकल्प के बल पर उन्होंने यह असम्भवप्राय कार्य सम्भव बनाया है। उन्हें बछेन्द्री पाल ने इस हेतु प्रशिक्षित किया था।

धन्य है अरुणिमा सिन्हा, धन्य है तुम्हारा आत्मविश्वास एवं संकल्पशक्ति!

* * *

दृष्टिहीन छात्र ने पाया जिला मेरिट में दूसरा स्थान

राणा प्रताप उच्च माध्यमिक विद्यालय का छात्र अली असगर बोहरा दृष्टिहीन है, लेकिन पढ़ाई का जज्बा एवं कुछ कर गुजरने का हौसला रखता है। असगर ने बारहवीं कक्षा में जिले में दूसरा स्थान प्राप्त कर एक अनूठी मिसाल कायम की है। असगर ने क्लास में

शिक्षकों के लेक्चर सुनकर एवं राष्ट्रीय नेत्रहीन महासंघ से कम्प्यूटर सीडियाँ मँगवाकर उन्हें बार-बार सुनकर परीक्षा की तैयारी की और परीक्षा में 86.40 प्रतिशत अंक प्राप्त कर जिला मेरिट में दूसरा स्थान प्राप्त किया।

असगर का उदाहरण उन छात्रों के लिए प्रेरणास्पद है, जो थोड़ी-सी परेशानी से हताश हो जाते हैं एवं पढ़ाई में पीछे रह जाने के लिए इधर-उधर की परिस्थितियों का बहाना बनाते हैं।

धन्य है असगर एवं उसका जज्बा!

* * *

दोनों किडनियाँ खोकर भी प्रखर ने रचा इतिहास

जयपुर (राजस्थान) में तिलक नगर में स्थित माहेश्वरी सीनियर सेकण्डरी स्कूल के छात्र प्रखर डोरोलिया ने 12वीं साइंस में 96 प्रतिशत अंकों के साथ जयपुर में प्रथम एवं राजस्थान में पाँचवाँ स्थान प्राप्त कर इतिहास बनाया है। प्रखर की दो किडनियाँ खराब हैं। पिछले तीन साल में वह 100 बार डायलेसिस से गुजर चुका है। परीक्षा के दौरान भी डायलेसिस हुआ। रोज अस्पताल के चक्कर, ढेरों दवाइयाँ और न रुकने वाला दर्द। बावजूद इन सबके, अपनी मेहनत, दृढ़ संकल्प एवं साहस के बल पर, वह मेरिट लिस्ट में पहुँचा।

प्रखर पर स्कूल मैनेजमेण्ट के साथ-साथ हर छात्र को फख्र है। फख्र की बात है कि प्रखर ने साहस नहीं खोया और पूरी लगन एवं निष्ठा से ऐसी विकट परिस्थितियों में भी अपनी पढ़ाई में लगा रहा।

ऐसे छात्र के साहस, जज्बे एवं बहादुरी को हमारा नमन, वन्दन, सलाम!!

* * *

ईंट भट्टा मज़दूर का बेटा बना IITian

सुरेश, जिसके पिता ईंट भट्टे पर कोयला झोंकने का काम करते हैं, की माँ का देहान्त पैसे की कमी के कारण इलाज न करवा पाने की वजह से, बीमारी से हो गया।

पिता छतरराम बेबस, क्या कर सकते थे, लेकिन मन में लालसा थी, कहीं इच्छा थी कि मेरा बेटा मजदूरी नहीं करेगा। सरकारी स्कूल से दसवीं पास करने के बाद महँगी होती पढ़ाई एवं कोचिंग से एक बार तो दोनों पिता-पुत्र हताश हो गए, लेकिन फिर किसी ने सुपर 30 की जानकारी उन्हें दी और सुपर 30 में सुरेश को प्रवेश मिल गया। सुरेश ने दो वर्ष कड़ी मेहनत की और मेहनत का प्रतिफल मिला, सुरेश का चयन आई.आई.टी. में हो गया। दिल्ली आई.आई.टी. से सिविल इन्जीनियरिंग पास करने के बाद आज वह एल एण्ड टी में कार्यरत है। सुरेश का परिवार अपने पिता के साथ आज एयरकण्डीशण्ड फ्लैट में रहता है। ज़िन्दगी का नामुमकिन-सा सपना साकार हो गया। कहते हैं, जो व्यक्ति स्वयं मेहनत करता है, ईश्वर उसका ही साथ देते हैं। ऐसे बच्चे ही अपने भाग्य निर्माता बनते हैं।

❋ ❋ ❋

''सलाम है पोलियोग्रस्त निर्मल के जज्बे को''

निर्मल कुमार का जन्म वर्ष 1981 में बिहार के छोटे-से गाँव रिसोरा में हुआ, जो इतना पिछड़ा हुआ था कि न बिजली थी, न टेलीफोन, न अस्पताल और न ही स्कूल।

स्कूल गाँव से तीन किलोमीटर दूर था, जहाँ पैदल जाने के अलावा कोई विकल्प नहीं। कहते हैं कि जब आपके स्रोत बहुत कम हों, कोई साधन नहीं हो, आपको हर चीज के लिए स्वयं ही संघर्ष करना

हो, तो व्यक्ति एक योद्धा बन जाता है। निर्मल ने एक योद्धा की तरह अपने जीवन में प्रारम्भ से ही संघर्ष किया है एवं आज एक विजेता की तरह अपने जीवन को अपने बल-बूते पर सँवारने में सक्षम हो सके हैं। तीन साल की उम्र में कमर में पोलियो हो जाने से उन्हें सीधा खड़ा होने में परेशानी होने लग गई, लेकिन वह फुटबॉल भी खेलते थे एवं गायों को चराने भी ले जाते थे। अपनी अँगुलियों को पैन पकड़ने हेतु तैयार किया तथा पढ़ने एवं लिखने का अभ्यास जारी रखा।

बिजली के अभाव में लालटेन में पढ़ाई करना एक मजबूरी थी। लेकिन पढ़ाई की लगन थी, इसलिए प्रतिदिन शाम को पढ़ाई करते थे। निर्मल ने नेशनल टेलेण्ट स्कॉलरशिप के लिए आवेदन किया और इसकी स्वीकृति हो गई, तो बहुत प्रसन्नता हुई, लेकिन मात्र ₹800 प्रतिमाह से कुछ होने वाला नहीं था, अत: वह गणित के ट्यूशन पढ़ाने लगे। निर्मल का कहना है कि मेहनत से वह कभी नहीं घबराए और जी तोड़ मेहनत की। CAT की पढ़ाई की और IIM अहमदाबाद से स्नातक किया और आज स्वयं की एक कम्पनी है—G Auto, जिसके वह CEO हैं एवं प्रथम वर्ष में कम्पनी ने ₹ 1.75 करोड़ की आमदनी दर्ज की तथा ₹ 20 लाख का लाभ।

निर्मल पर्याय हैं, कड़ी मेहनत एवं सफलता के। धन्य हैं निर्मल, धन्य है उनका जज्बा एवं उनकी मेहनत एवं लगन से सफलता प्राप्त करने की कहानी, जो प्रेरणास्रोत है, ऐसे छात्रों के लिए, जिन्हें सब कुछ उपलब्ध होता है, पर कमियों का रोना रोते हैं।

"अमित सिन्हा ने सँवारा अपना जीवन"

झारखण्ड के गिरीडीह गाँव में बड़े हुए अमित सिन्हा की कहानी भी जमीन से उठकर एक सही जगह पर पहुँचने की प्रेरणास्पद कहानी है। गिरीडीह, जो कोयला एवं अभ्रक की खानों के लिए जाना जाता है, झारखण्ड का एक छोटा-सा कस्बा है, जहाँ अमित सिन्हा का बचपन बीता। अमित के पिता, फ्यूल पम्प रिपेयर करने वाले साधारण मिस्त्री थे। कोयला उत्पादन में मन्दी आने के कारण पिता की आय बहुत अनियमित हो गई, उन्हें आमदनी के लिए इधर-उधर भटकना पड़ने लगा।

अमित को यह देखकर बहुत क्रोध आता कि उसके पिता को थोड़े-से पैसों के लिए कितना संघर्ष करना पड़ता था, जबकि उनके रिश्तेदार मजे में रहते थे। वह अपने गुस्से को स्केच बनाकर दूर करता। जब भी अमित को गुस्सा आता वह अपने पिता के औजारों से कुछ-न-कुछ स्केच बनाकर, स्वयं को आराम देता।

पहले हमेशा कक्षा में टॉपर्स में गिना जाने वाला अमित का परीक्षा परिणाम कक्षा दस में आशा के अनुरूप नहीं रहा, फिर कक्षा बारह में भी वह सही परिणाम नहीं दे सका।

"मैं अपना आत्मविश्वास खो चुका था।" अमित ने बताया। उसके पिता की सलाह पर बनारस हिन्दू यूनिवर्सिटी में सोशियोलॉजी में प्रवेश लिया, जबकि वह फाइन आर्ट्स प्रोग्राम में प्रवेश लेने का इच्छुक था। पिता द्वारा भेजे गए ₹300 प्रतिमाह में अपना खर्चा कैसे भी पूरा करता। एक बार पैसे की तंगी के कारण लगातार 14 दिन एक समय खाना खाकर गुजारा किया।

एक दिन अमित ने देखा कि फाइन आर्ट्स के विद्यार्थी यूनिवर्सिटी के गेट पर न्यू ईयर के कार्ड्स बेच रहे हैं। बस अमित को रास्ता मिल गया और उसने अपनी कला का उपयोग कर कार्ड्स बनाए एवं बेच

दिए। वह पोर्ट्रेट्स (Portraits) बनाने लगा और इस तरह अमित ने ₹ 5000 एकत्र कर लिए, जिससे उसमें आत्मविश्वास जाग्रत हुआ। तब उसने NID एवं NIFT में प्रवेश हेतु आवेदन किया, दोनों जगह उसका सलेक्शन हो गया। आज वह NID (National Institute of Design) में फैकल्टी है और अपने जीवन को अपने शौक के अनुसार सँवारने में सक्षम हो सका है।

असफलता से नहीं घबराकर, नए रास्ते जो तलाश करता है, सफलता उसे अवश्य मिलती है।

पिद्दीरामु (Pydiramu)–एक निशक्त की सफलता की कहानी

कहते हैं, जिसने ठान लिया, उसे सफलता मिलती ही है, परिस्थितियाँ कितनी भी विकट हों, व्यक्ति के संकल्प के सामने सब बौनी हो जाती हैं। 11 वर्ष की उम्र में ही पिता का देहान्त हो जाने के बाद, माता द्वारा बड़ी कड़ी मेहनत करके उसे स्कूल भेजने की व्यवस्था की गई। वहाँ वह सरकारी छात्रावास में रहा।

सरकारी छात्रावास से स्कूल करीब चौथाई किमी दूर था एवं निशक्त होने के कारण उसे सड़क के किनारे रेंगते हुए जैसे स्कूल जाना पड़ता था। ट्रान्सपोर्ट की कोई व्यवस्था नहीं थी।

स्कूल की पढ़ाई के बाद मैसूर से कम्प्यूटर साइंस में डिप्लोमा में प्रवेश लिया, लेकिन दूसरे वर्ष वित्तीय संकट के कारण एक बार तो पढ़ाई छोड़नी पड़ी, फिर मित्रों की मदद से डिप्लोमा पूर्ण किया।

पढ़ाई के बाद नौकरी ढूँढने की समस्या का सामना किया। बिना व्हीलचेयर के कैसे किसी साक्षात्कार में सम्मिलित होगा, यह समस्या भी भयानक थी। जैसे-तैसे करके डाटा एण्ट्री ऑपरेटर की नौकरी लगी एवं जॉब के साथ DTP का कार्य सीखा।

वित्तीय आवश्यकताओं की पूर्ति हेतु पार्ट-टाइम जॉब भी की। इस तरह जीवन का ढर्रा चल रहा था, तभी एक मित्र ने बैंगलोर जाने हेतु प्रेरित किया। बैंगलोर में Enable India संस्था की सहायता से Unix एवं SQL का प्रशिक्षण लेकर AZTEC में नौकरी शुरू की। वहाँ उसे Wheel chair भी दी गई।

आज AZTEC का नाम Cegedim है और वह सीनियर डेवलपर की पोस्ट पर कार्यरत है। शादी भी हो गई, सन्तुष्ट है, प्रसन्न है, लेकिन सब कुछ मिला-स्वयं की मेहनत एवं लगन के बल पर तथा विकट परिस्थितियों में भी हार न मानने की वजह से।

❀ ❀ ❀

दीपा नरसिम्हन 75 प्रतिशत निशक्त की सफलता की दास्तान

दस वर्ष की उम्र से ही व्हीलचेयर पर सब कार्य करने को मजबूर 'दीपा नरसिम्हन' उन सभी के लिए एक रोल मॉडल है, जो थोड़ी-सी परेशानी में ही, अपने लक्ष्य के प्रति उदासीन होकर राह बदल लेते हैं।

दीपा 75 प्रतिशत तक निशक्त है। उसे Spinal muscular atrophy नाम की भयानक बीमारी है। वह सब कुछ व्हीलचेयर पर ही करने को मजबूर है। वह ही उसका

कार्य-स्थल, वह ही उसका बिस्तर है। केवल उसकी दाईं हथेली एवं अँगुलियों में शक्ति है, जिसे उसने फिजियोथेरेपी से प्राप्त किया है।

दीपा एक प्रशिक्षित ग्राफिक एवं वेब डिजाइनर है। आज वह विभिन्न कॉर्पोरेशन, कम्पनी, एनजीओ की वेबसाइट तैयार करती है, उनके प्रेजेण्टेशन तैयार करती है। उसने कड़ी मेहनत, लगन एवं अदम्य संकल्पशक्ति के बल पर यह मुकाम हासिल किया है। स्वयं की निशक्तता को स्वयं पर हावी नहीं होने देने वाली दीपा नरसिम्हन EMC-2 कम्पनी में कार्य करती है एवं उसका कार्य किसी सामान्य व्यक्ति के कार्य से कम अच्छा नहीं है। वह एक कुशल व मेहनती वेब डिजाइनर है एवं कम्पनी में अच्छी प्रतिष्ठा है। ऐसे व्यक्तित्व को हमारा नमन! वन्दन!!

बहरी, गूँग—सत्यभामा ने सँवारा अपना जीवन

''सत्यभामा—न बोल सकती थी, न सुन सकती थी, लेकिन जीवन को सँवारा अपनी संकल्पशक्ति के बल पर.....''

सत्यभामा जन्म से ही बहरेपन एवं गूँगेपन की शिकार थी। जब वह 4 वर्ष की थी, तो ज्ञात हुआ कि उसके दोनों कानों में अत्यधिक बहरापन है। बायाँ कान तो बिल्कुल खराब था।

जब वह 9 वर्ष की थी, तो उसे कान में लगाने की मशीन (Hearing aid) दी गई। तब तक वह न सुन सकती थी, न बोल सकती थी। सभी का यह मानना था, सोचना था कि वह जीवन में कभी न बोल सकेगी, न सुन सकेगी, लेकिन ईश्वर की असीम कृपा, माता-पिता का स्नेह एवं उसकी बहन के विश्वास तथा स्वयं की मेहनत, लगन एवं संकल्पशक्ति के बल पर धीरे-धीरे वह बोलने लगी।

स्कूल एवं कॉलेज में बहुत प्रकार की समस्याओं का सामना किया एवं सबसे ज्यादा समस्या नौकरी ढूँढने में आई, लेकिन Enable India के सम्पर्क में आने के बाद उसे TESCO में नौकरी मिली एवं आज वह काफी ठीक प्रकार से बोल सकती है एवं अपने जीवन एवं कामयाबी से सन्तुष्ट है।

बर्तन धोने वाला नौकर, आज बना अरबपति

यह एक ऐसे युवक की कहानी है, जिसने अपनी कड़ी मेहनत, जिज्ञासु प्रवृत्ति, जीतने की अदम्य लालसा एवं दृढ़ संकल्पशक्ति के बल पर स्वयं को अरबपतियों की कतार में खड़ा किया है।

17 वर्षीय चेन्नई का अनपढ़ गणपति, एक लड़के के इस आश्वासन पर कि यदि वह उसे ₹ 200 देगा तो वह उसे बम्बई में अच्छी-सी नौकरी दिलवा देगा, बिना माता-पिता को सूचित किए बम्बई चला आता है और वहाँ आकर वह लड़का, उसे एक चाय की दुकान पर छोड़कर भाग जाता है।

गणपति न हिन्दी जानता और न ही अंग्रेजी, केवल तमिल जानता था। यह दिन उसके लिए बड़ा भयानक दिन था। एक टैक्सी ड्राइवर ने मदद देने का प्रयास किया, कुछ लोगों ने उसे बम्बई से चेन्नई तक का किराया ₹ 121 एकत्र कर, देने का प्रयास किया, लेकिन गणपति ने मना कर दिया और रात एक मन्दिर के बरामदे में गुजारी।

माहिम में एक बेकरी में बर्तन धोने की नौकरी से जीवन की शुरुआत की और उस दुकान में ही सोने की जगह मिल गई। छ: माह बाद उसे पिज्जाब्रेड पहुँचाने का कार्य चेम्बुर के एक होटल में मिल गया।

वहाँ से कुछ दिन बाद उसने नवी मुम्बई में बर्तन धोने (Dishwasherar) का कार्य 'गुरुदेव' नामक रेस्टोरेण्ट में शुरू किया। इसके बाद कमीशन पर वह चाय-कॉफी पहुँचाने का कार्य करके ₹ 1000 कमाने लगा। उसकी ईमानदारी एवं लगन देखकर, एक व्यक्ति ने उसे 50% पार्टनरशिप में फूड स्टॉल लगाने का ऑफर दिया, लेकिन उस व्यक्ति ने उसे धोखा दिया, लेकिन गणपति को फूड स्टॉल लगाने में होने वाले फायदे का पता लग गया था।

गणपति वर्ष 1992 में अपने घर चेन्नई गया और छोटे भाई को अपने साथ ले आया और अपने मित्रों से कुछ पैसे उधार लेकर एक ठेली लगानी शुरू की, जिसका किराया प्रतिदिन का ₹ 150 देना होता था। कई बार ठेली को म्युनिसिपाल्टी वाले उठा ले जाते, बहुत परेशानी उठानी पड़ती, लेकिन गणपति हार मानने वालों में नहीं था।

धीरे-धीरे उसकी स्वच्छता एवं खाने के स्वाद के कारण उसका खाना लोगों को पसन्द आने लगा।

इसी समय गणपति का एक रूममेट था, वह NIIT से पढ़ाई कर रहा था, उसने उसका अपने दोस्तों में काफी प्रचार किया और गणपति का व्यवसाय चमकने लगा। गणपति सुबह 5.30 पर उठता, सब खाना स्वयं बनाता एवं दोपहर 3.30 बजे से 5.30 बजे दो घण्टे का रेस्ट लेता, इस समय में साइबर कैफे में जाकर, खाने की क्वालिटी एवं अन्य व्यवसाय की जानकारी करने का प्रयास करता था।

वर्ष 1998 में गणपति ने वाशी रेलवे स्टेशन नवी मुम्बई के बाहर अपना किओस्क डाला, जिसका नाम रखा प्रेम सागर डोसा प्लाजा। व्यवसाय चल निकला। स्वयं की मेहनत एवं कुछ नया करने की चाह में, गणपति के डोसा प्लाजा में वर्ष 2002 तक 104 प्रकार के डोसा मिलते थे। वर्ष 2003 में एक मॉल वाशी में ही खुला और

गणपति ने वहाँ एक दुकान किराए पर ली और डोसा प्लाजा नाम से अपना व्यवसाय मॉल से शुरू किया।

बस ईश्वर की कृपा, गणपति की स्वयं की कड़ी मेहनत, अच्छी क्वालिटी एवं ईमानदारी से कार्य करने की लगन के कारण सब कुछ बदल गया। अब डोसा प्लाजा की बहुत-सी फ्रेन्चाइजी हैं। वर्ष 2011 में 100 आउटलेट खोलने का लक्ष्य रखा। वर्ष 2008 में न्यूजीलैण्ड में फ्रेन्चाइजी खोली गई।

वर्ष 2008 में ₹5 करोड़ का टर्न ओवर था, आज बढ़कर कम-से-कम 10 गुना हो गया होगा, ऐसा हमारा विश्वास है। गणपति की काबिलियत एवं लोगों के मध्य पोपुलेरिटी का अन्दाजा इसी से लगाया जा सकता है कि प्रसिद्ध एक्टर रजनीकान्त की लड़की की शादी का निमन्त्रण उसे भी मिला था।

धन्य है 'गणपति' का जुझारुपन, उसकी अदम्य संकल्पशक्ति।

''सफलता को कभी अपने सर पर न चढ़ने दें और असफलता को कभी दिल में न उतरने दें। विचार ही व्यक्ति को महान् बनाते हैं, विचार ही व्यक्ति को नीचे गिराते हैं। सत्य से कमाया धन हर प्रकार का सुख देता है, कपट से कमाया धन बहुत प्रकार के दुःख देता है।''

अपंग ओकायो की सीखने की दृढ़ इच्छाशक्ति

जापान के एक छोटे-से कस्बे में रहने वाले 'ओकायो' को जूडो सीखने का बहुत शौक था, लेकिन बचपन में हुई एक दुर्घटना में बायाँ हाथ कट जाने के कारण उसके पिता उसे जूडो सीखने की अनुमति देने में हिचकिचाते थे, मना करते थे, लेकिन ओकायो को जिद थी कि उसे जूडो चैम्पियन बनना है।

अन्ततः माता-पिता को उसकी जिद के सामने झुकना पड़ा एवं वे उसे शहर के मार्शल आर्ट्स के एक गुरु के यहाँ दाखिला दिलाने ले गए। गुरु ने पूछा, "तुम्हारा तो बायाँ हाथ ही नहीं है, तो भला तुम और लड़कों का मुकाबला कैसे करोगे?" ओकायो ने जवाब दिया, "यह बताना तो आपका काम है, मैं तो बस इतना जानता हूँ कि मुझे सभी को हराना है और एक दिन सेसेई (मास्टर) बनना है।"

गुरु उसकी सीखने की दृढ़ इच्छाशक्ति से काफी प्रभावित हुए और बोले, "ठीक है, मैं तुम्हें सिखाऊँगा, लेकिन एक शर्त है, तुम मेरे हर निर्देश का पालन करोगे और उसमें दृढ़ विश्वास रखोगे।" ओकायो ने सहमति से गुरु के समक्ष अपना सर झुका दिया। गुरु ने एकसाथ लगभग 50 बच्चों को जूडो सिखाना शुरू किया। कुछ दिन बाद ओकायो ने देखा कि गुरुजी अन्य बच्चों को तो तरह-तरह के दाँव-पेच सिखा रहे हैं, लेकिन उसे बस एक किक मारने का ही अभ्यास करा रहे हैं। उसने गुरुजी से प्रश्न किया, जवाब मिला कि तुम्हें बस इसी एक किक पर महारथ हासिल करनी है और वह आगे बढ़ गए। ओकायो को विस्मय हुआ, लेकिन उसे गुरुजी पर पूर्ण विश्वास था। इसी तरह ओकायो को छः वर्ष बीत गए और गुरुजी ने उसे उसी किक का लगातार अभ्यास कराया।

सभी को जूडो सीखते हुए आठ वर्ष लग गए तभी गुरुजी ने सभी शिष्यों को बुलाया और बोले, "मुझे आपको जो ज्ञान देना है वो मैं दे चुका हूँ, अब गुरुकुल की परम्परा के अनुसार सर्वश्रेष्ठ योद्धा का चुनाव करना है। उसे सेसेई की उपाधि से नवाजा जाएगा।"

प्रतिस्पर्द्धा प्रारम्भ हुई। गुरुजी ने ओकायो को पहले मैच में हिस्सा लेने के लिए आवाज दी। ओकायो ने लड़ना शुरू किया एवं स्वयं को आश्चर्यचकित करते हुए प्रथम दो मैच मात्र एक किक के भरोसे आराम से जीत लिए। तीसरा मैच कुछ कठिन था, लेकिन विरोधी कुछ क्षणों के लिए लापरवाह हुआ और ओकायो की 'किक' ने उसे परास्त कर दिया। फाइनल शुरू हुआ। ओकायो का विरोधी अधिक ताकतवर, विशाल एवं अनुभवी था। देखकर लगता था कि ओकायो उसके सामने एक मिनट भी नहीं टिक पाएगा। मैच शुरू हुआ। विरोधी—ओकायो पर भारी पड़ रहा था। रैफरी ने मैच रोककर, विरोधी को विजेता घोषित करने का प्रस्ताव रखा, लेकिन तभी गुरुजी ने उसे रोकते हुए कहा कि मैच पूरा चलेगा।

विरोधी अति आत्मविश्वास से भरा हुआ था और वह ओकायो को कमतर आँक रहा था और इसी दम्भ में उसने एक भारी गलती कर दी, उसने अपना गार्ड छोड़ दिया। ओकायो को मौका मिला और अपने एक ही किक से उसे ज़मीन पर धराशायी कर दिया और ओकायो विजेता घोषित हुआ, उसे सेसेई की उपाधि से सम्मानित किया गया। मैच जीतने के बाद, ओकायो ने गुरुजी से पूछा, ''भला मैंने यह प्रतियोगिता सिर्फ एक मूव सीखकर कैसे जीत ली।''

''तुम दो वजह से जीते।'' गुरुजी ने उत्तर दिया, ''पहली-तुमने जूडो की सबसे कठिन किक पर अपनी इतनी मास्टरी कर ली कि शायद ही दुनिया में अन्य कोई, यह किक इतनी दक्षता से मार पाए। दूसरी-इस किक से बचने का एक ही उपाय है, और वह है विरोधी के बाएँ हाथ को पकड़कर उसे गिराना।''

ओकायो समझ चुका था कि उसकी सबसे बड़ी कमजोरी (बायाँ हाथ न होना) उसकी सबसे बड़ी ताकत बन चुकी थी।

संकल्पशक्ति से सब कुछ सम्भव है।

❖ ❖ ❖

मन्दबुद्धि बालक बना महापण्डित

स्कूल में सब उसे मन्दबुद्धि कहकर उपहास करते। उसका पढ़ाई में ध्यान नहीं रहता। अध्यापक भी उससे प्रसन्न नहीं रहते। उसकी बुद्धि का स्तर औसत से भी कम था। वह याद करता, भूल जाता। कक्षा में प्रदर्शन निराशाजनक रहता। अपने सहपाठियों में सब उसका मजाक बनाते, चिढ़ाते। तंग आकर उसने स्कूल जाना ही छोड़ दिया।

एक दिन रास्ते में चलते-चलते उसे प्यास लगी। इधर-उधर पानी खोजने लगा, वहाँ उसे एक कुआँ दिखाई दिया। वह वहाँ गया और प्यास बुझाई। वह काफी थका हुआ था, इसलिए पानी पीकर वहीं बैठ गया। उसकी दृष्टि, पत्थर पर पड़े, उस निशान पर गई जिस पर बार-बार रस्सी के आने-जाने से निशान बन गए थे। उसने विचार किया कि जब बार-बार पानी खींचने से इस कठोर पत्थर पर निशान बन सकते हैं, तो निरन्तर अभ्यास से मुझे भी विद्या आ सकती है।

उसने अब अभ्यास का संकल्प कर लिया और पुनः स्कूल जाने लगा और यह विद्यार्थी, अपनी कड़ी मेहनत, लगातार अभ्यास एवं संकल्पशक्ति के बल पर, महान् विद्वान् वरदराज के रूप में विख्यात हुआ, जिसने संस्कृत में 'मुग्धबोध' एवं 'लघुसिद्धान्त कौमुदी' जैसे ग्रन्थों की रचना की।

कमजोरियाँ अपराजेय नहीं होतीं। यदि धैर्य, परिश्रम और लगन से कार्य किया जाए, तो उन पर विजय प्राप्त कर शानदार लक्ष्यों को अर्जित किया जा सकता है।

❖ ❖ ❖ ❖

राहुल की सफलता की कहानी

निम्न मध्यमवर्गीय परिवार से होने के कारण वित्तीय समस्या, माता-पिता की बीमारी एवं आँखों से कम दिखाई देने के बावजूद राहुल ने वर्ष 2009 में CWA परीक्षा में प्रथम एवं CS में चौथी रैंक प्राप्त कर, अपनी मेहनत, लगन एवं निष्ठा के बलबूते सफलता प्राप्त कर, सभी को चौंका दिया।

वर्ष 2004 में गवर्नमेण्ट मॉडल स्कूल से कक्षा 12 में टॉपर रहे, वर्ष 2006 में बी. कॉम एवं वर्ष 2008 में CA पास करने वाले राहुल का कहना है कि ड्राइवर पिता की आमदनी में गुजारा करते हुए, इस स्थिति तक पहुँचना आसान नहीं था।

वह हमेशा अपने पड़ोसियों को देखकर प्रेरित होता था। पड़ोसी का लड़का CA बनने के बाद, उनकी माली हालत काफी अच्छी हो गई थी। मुझे इसीलिए कैसे भी CA करने का जुनून था।

राहुल अभी और पढ़ना चाहता है। वह अकाउण्ट्स के क्षेत्र में अपना नाम करना चाहता है। डॉक्टर्स ने यद्यपि उसे कम्प्यूटर पर कम काम करने की सलाह दी है, क्योंकि उसकी आँखों पर जोर पड़ सकता है, लेकिन वह अपनी जिद पर कायम है, अभी उसमें बहुत ऊर्जा शेष है, जुनून बाकी है कुछ अलग हटकर, विशिष्ट कार्य को अन्जाम देने का। हमारी शुभकामनाएँ हैं राहुल के साथ!!

❀ ❀ ❀

आँखों से लाचार सृष्टि ने एम.पी. बोर्ड (12वीं आर्ट्स, 2013) टॉप किया

मध्य प्रदेश के दमोह की निवासी जन्म से ही आँखों से लाचार सृष्टि ने 12वीं (आर्ट्स) में मध्य प्रदेश बोर्ड में टॉप कर, न केवल अपने गाँव का नाम रोशन किया है, बल्कि अपने स्कूल (जे. वी. पी. गवर्नमेण्ट हायर सेकण्डरी स्कूल, दमोह) का भी नाम रोशन किया है। यह उन बच्चों के लिए भी प्रेरणा की मिसाल है, जो छोटी-मोटी परेशानी को अपनी असफलता हेतु जिम्मेदार ठहराते हैं।

सृष्टि ने 500 में से 481 अंक लाकर, यह सिद्ध कर दिया कि व्यक्ति अपनी लगन एवं मेहनत के बल पर सब कुछ हासिल कर सकता है एवं राह में आने वाली कठिनाइयाँ ऐसे संकल्पित व्यक्ति को अपने लक्ष्य से डिगा नहीं सकतीं।

धन्य है सृष्टि ....!

* * *

अख़बार बेचने वाले ने IIM कलकत्ता में प्रवेश लिया

कहते हैं जहाँ चाह, वहाँ राह। बैंगलोर निवासी एन. शिवकुमार, जो कक्षा 6 से अख़बार बेचकर, अपना गुजारा करता रहा है, ने कभी सपने में भी नहीं सोचा होगा कि उसकी कलकत्ता IIM में प्रवेश की सफलता की कहानी, कभी उसके द्वारा बेचे जाने वाले अख़बारों की सुर्खियाँ बनेगी।

अनपढ़ माता एवं ड्राइवर पिता ने अपना जीवन अख़बार बेचकर, माता-पिता के कर्ज का बोझ हल्का करने, घर में गुजारे हेतु कुछ पैसा कमाने से शुरू किया। जब वह 3-4 वर्ष का ही था, तब से वह

माता द्वारा बनाई फूलों की माला बेचा करता था। उसके बाद वह अख़बार बेचकर, कुछ कमाने लगा।

उसके एक ग्राहक ने उसकी स्कूल की फीस भरने की कृपा की। जब वह 9वीं में था, तो स्कूल ने उसे चेतावनी दे दी थी कि यदि स्कूल फीस नहीं भरोगे, तो उसका नाम हटा दिया जाएगा। शिवकुमार ने अपने एक उदार हृदय ग्राहक कृष्णा वेदव्यास को अपनी परेशानी बताई।

उन्होंने पहले तो कहा कि मैं तुम्हारे बारे में कुछ नहीं जानता, लेकिन जब उन्होंने जाँच की तो पता लगा कि शिवकुमार बहुत ही मेहनती एवं टॉपर लड़का है, तो उन्होंने उसकी फीस भरने का आश्वासन दिया और पूरी स्कूल शिक्षा की फीस वेदव्यास ने ही लगातार दी। शिवकुमार उनका बहुत आभारी है।

कक्षा 10 में वह न्यूज-पेपर वेण्डर का काम करने लगा। इन्जीनियरिंग कॉलेज में प्रवेश के बावजूद, शिवकुमार बहुत मेहनत करता रहा। सुबह 4 बजे उठकर, अख़बार सप्लाई करके स्कूल जाना। कभी नाश्ता तो कभी खाना नहीं मिलना एक आम बात थी। अब शिवकुमार का प्रवेश CAT परीक्षा पास करके IIM कलकत्ता में हो गया है, जिसके लिए वह एजुकेशन ऋण ले रहा है।

वह अपनी सफलता का श्रेय कठिन मेहनत, दृढ़ संकल्प एवं ईश्वर की प्रेरणा से वेदव्यास जैसे सहयोगियों को देता है।

● ● ●

छात्र-जीवन है अनमोल
Don't Waste It !

ऑटोरिक्शा चालक की बेटी ने CA में देश में टॉप किया

जब जनवरी, 2013 में CA का परिणाम आया, तो लोग यह देखकर हैरान रह गए कि इस बार तमिल लड़की प्रेमा जयकुमार, जोकि एक ऑटोरिक्शा चालक की पुत्री है, ने सारे देश में टॉप रैंक हासिल की है।

यह सफलता प्रेमा ने पहली बार में ही हासिल की। महत्त्वपूर्ण बात है कि उसके साथ उसका छोटा भाई भी CA परीक्षा में उत्तीर्ण हुआ है। मात्र 280 वर्गफीट की खोली में बहुत वित्तीय कठिनाइयों का सामना करते हुए दोनों बहन-भाइयों ने CA में पास होकर अपने माता-पिता का सिर गर्व से ऊँचा किया है।

उनके पिता श्री पेरूमल का कहना है कि वह पिछले 20 वर्षों से मुम्बई में ऑटोरिक्शा चला रहा है। उसने अपने बच्चों को पढ़ाई के लिए हमेशा प्रोत्साहित किया और आज दोनों बच्चे CA हो गए, वह बहुत खुश हैं।

सच है कि विकट परिस्थितियाँ, विपन्नता, माता-पिता का अनपढ़पन एवं स्वयं की विकलांगता भी, आपके लक्ष्य संधारण के रास्ते की रुकावट नहीं बन सकती, यदि आप में स्वयं में जज्बा है जीतने का, दृढ़ निश्चय है कुछ करने का, संकल्पित हैं, आगे बढ़ने को!

भयानक गरीबी में भी राज्य की मेरिट में टॉप किया—सेल्वाज्योथी ने

डी. सेल्वाज्योथी के पिता स्वयं अपंग हैं एवं चेन्नई के एक गाँव तिरुवनभियुर में फल-सब्जी बेचकर लगभग ₹ 4000 प्रतिमाह कमाकर, बहुत मुश्किल से इस महँगाई के समय में अपने परिवार का भरण-पोषण करते हैं।

चेन्नई कॉर्पोरेशन के स्कूल में पढ़ने वाली लड़की सेल्वाज्योथी न केवल पढ़ाई में अव्वल है, बल्कि स्पोर्ट्स में भी अपने स्कूल का प्रतिनिधित्व कर चुकी थी। बहुत मेहनती एवं दृढ़ संकल्प की धनी इस लड़की को अपने भाई की दुर्घटना में हुई मृत्यु की दुःखद घटना, अपने लक्ष्य से नहीं डिगा सकी।

धन्य है सेल्वाज्योथी की काबिलियत, मेहनत का जज्बा एवं दृढ़ संकल्प!

* * *

विपरीत हालात में भी सफल हुआ अंकित

मई, 2013 में सीबीएसई ने जब कक्षा 12वीं वाणिज्य का परिणाम घोषित किया, तो लोग यह देखकर दंग रह गए कि सरकारी स्कूल के छात्रों में अंकित सैनी ने 97.4% अंक हासिल कर टॉप किया है। अंकित के पिता पिछले छः वर्षों से लकवे से ग्रस्त हैं। माता घरों में कार्य करके गुजर-बसर करती हैं। अंकित के दादा सरकारी स्कूल में अध्यापक रहे हैं। अंकित के वे ही प्रेरणास्रोत हैं। घर की हालत बहुत खराब है, घर में चार भाइयों में दूसरे नम्बर पर अंकित आगे श्रीराम कॉमर्स कॉलेज से बीकॉम (ऑनर्स) करना चाहता है।

* * *

गडरिया का बेटा बना टॉपर

12वीं आर्ट्स 2011 का परीक्षा परिणाम बहुत महत्त्वपूर्ण रहा जब एक गरीब चरवाहे का बेटा शंकर टॉपर बना। भेड़-बकरियाँ चराकर परिवार का भरण-पोषण करने वाले खीमाराम के घर बिजली का कनेक्शन नहीं था।

10वीं तक चिमनी में पढ़कर अव्वल रहने के बाद पहले ही ठान लिया कि 12वीं में टॉप करना है। प्रतिदिन 10 घण्टे पढ़ना, प्रात: जल्दी उठने हेतु चारपाई की अपेक्षा जमीन पर सोना तथा भरी सर्दी में बिना कम्बल, रजाई के सोना। शंकर की माँ रूपी देवी को पानी के लिए कई किलोमीटर तक प्रतिदिन जाना होता है।

12वीं में वह अपने मामा के पास सीकर चला गया एवं सीकर में प्रिन्स पब्लिक सीनियर सेकण्डरी स्कूल ने उसे नि:शुल्क पढ़ाया और शंकर ने न केवल अपने माता-पिता का नाम रोशन किया, बल्कि अपने स्कूल का भी नाम रोशन किया।

ऐसे दृढ़ संकल्पित युवक ही, जीवन में अपने लक्ष्य को हर विपरीत परिस्थिति में भी अर्जित करते हैं।

❋ ❋ ❋

अनूठे बच्चों के अनूठे कारनामे

केवल टेक्नोलॉजी से मित्रता

13 वर्षीय जसप्रीत सन्धू ने जून, 2011 में मुम्बई में स्टूडेण्ट आइकन का खिताब जीतकर देश के आठ प्रतिभाशाली बच्चों में स्थान बनाया। 13 वर्ष की छोटी-सी उम्र में उसने रोबोटिक मॉडल 'ढक्वाबोट' बनाया, जिसके लिए उसे नासा बुलाया गया। उसके माता-पिता ने बताया–मोहल्ले में उसका कोई मित्र नहीं, सिर्फ स्कूल सहपाठी प्रणव ही उसका दोस्त है।

वह अन्य बच्चों की तरह दूसरे बच्चों के साथ आसानी से घुलता-मिलता नहीं है। सेब उसका पसन्दीदा फल है। पूरा ध्यान केवल पढ़ाई पर। इण्टरनेट पर साइंस एवं लॉजिकल गेम्स उसकी खास पसन्द। हर कार्य पूर्णतया अनुशासित एवं टाइम-टेबल के मुताबिक।

टीचर ने बताया कि क्लास में कोई प्रश्न किए जाने पर हाथ नहीं उठाता। ऐसे बैठा रहता है जैसे कुछ जानता ही न हो। जवाब पूछने पर उतना बताता है जितना पूछा भी नहीं गया।

हमें गर्व है–जसप्रीत पर!!

विशालिनी-दुनिया में सबसे ज्यादा आई क्यू लेवल (225)

11 वर्षीय विशालिनी, अपने इलेक्ट्रिशियन पिता एवं रेडियोअनाउन्सर माता की लाडली है, उन्होंने बताया कि अपने कोर्स की पढ़ाई तो वह बहुत ही शीघ्र पूरा कर लेती है। उसका IQ level 225 है, जबकि गिनीज बुक में दर्ज अधिकतम IQ level मात्र 216 है।

इंजीनियरिंग कॉलेज में B.E. एवं B.Tech. के विद्यार्थियों को वह जिस तरह से लेक्चर देती है, बड़े-बड़े प्रोफेसर अचम्भित रह जाते हैं। अपने आप में अजूबा, विशालिनी ने माइक्रोसाफ्ट सर्टिफाइड प्रोफेशनल एवं सर्टिफाइड नेटवर्क एसोसिएट कोर्स की परीक्षा सुगमता से पास कर ली है। कॉलेज में प्रवेश हेतु सीसीएनए का सर्टिफिकेट जरूरी था, तो इसे विशालिनी ने 90 प्रतिशत अंक लाकर पास कर लिया। विश्व का अजूबा है–'विशालिनी'।

रुचिका-12 भाषाओं में शास्त्रीय गान की समझ

14 वर्षीय रुचिका, बचपन में बोल नहीं पाती थी, दिमागी तौर पर अविकसित थी। टीचर का कहना था कि बच्ची हाइपरऐक्टिव है। प्रथम क्लास में ही गायन में प्रथम पुरस्कार मिला, लेकिन दूसरी कक्षा में उसे यह कहकर कक्षा से निकाल दिया गया कि लड़की अत्यधिक ऊर्जावान है। उसे सम्भालना उनके लिए सम्भव नहीं है।

प्रिन्सिपल ने दिलासा दिया कि तुम यहाँ पढ़ने नहीं, बल्कि संगीत सिखाने आई हो। सुबह 4 बजे उठकर 7 बजे तक संगीत का रियाज करने वाली रुचिका दसवीं की छात्रा है। आज वह कई सारे अवार्ड जीत चुकी है एवं 12 भाषाओं में शास्त्रीय संगीत की समझ है उसे। वह निश्चित ही बहुत ऊर्जावान है, जरूरत है उसकी ऊर्जा को सही आयाम मिले।

बिना प्रशिक्षण उस्तादों के उस्ताद ....

10 वर्षीय अजमत हुसैन, पढ़ाई-लिखाई कभी नहीं की। घर पर पिता को की-बोर्ड पर कार्य करते देख, चार वर्ष की उम्र से ही गाने का शौक लग गया। भजन एवं गजल से शुरुआत की। जी. टी.वी. के शो 'सारेगामा' में लिटिल चैम्प का खिताब जीतकर उस्तादों का उस्ताद बना। कोई विशेष प्रशिक्षण नहीं, बस बचपन का शौक और नियमित प्रयास ने बना दिया लिटिल चैम्प।

कराटे चैम्पियन-यामिनी सिंह

17 वर्षीय यामिनी आज विख्यात कराटे चैम्पियन है, जब 6 वर्ष की थी, तो उसने अपने भाई को कराटे में पारंगत देख, कराटे सीखने की जिद पकड़ ली। माता-पिता चाहते थे कि अन्य बच्चों की तरह डॉक्टर या इन्जीनियर बने, लेकिन यामिनी की जिद के आगे झुकना पड़ा। आज वह देश-विदेश की कितनी ही कराटे चैम्पियनशिप में हिस्सा ले चुकी है और कई खिताब उसने जीते हैं।

बेजान हाथ-पैरों के बावजूद स्विमिंग चैम्पियन बना

प्रसाद जब मात्र 4 वर्ष का था, तो वायरल इन्फेक्शन की वजह से वह बेजान जैसा हो गया। शारीरिक व्यायाम शुरू किया, लेकिन बहुत लाभ नहीं हुआ। किसी ने तैरने की सलाह दी। स्विमिंग के माध्यम से व्यायाम शुरू हुआ। धीरे-धीरे उसे स्विमिंग में मजा आने लगा। बस उसने तैराकी को ही जीने का उद्देश्य बना लिया। कम उम्र होने के बावजूद उसने पूरी जिद से तैराकी का प्रशिक्षण लिया। वर्ष 2004 में राज्यस्तरीय प्रतियोगिता में रिले में स्वर्ण पदक हासिल किया। अब तक वह 158 पदक जीत चुका है। वर्ष 2013 में गोवा में हुई स्पर्द्धा में 16 वर्ष के प्रसाद ने दो रजत पदक जीते हैं।

मुसीबत में सारे रास्ते बन्द नहीं होते। रास्ता पहचानिए और पूरी क्षमता से उस रास्ते पर बढ़ जाएँ।

उर्वी मनोचा-कथक में बालश्री पुरस्कार

13 वर्षीय उर्वी मनोचा ने कन्याकुमारी में फ्लोर पर दो घण्टे डांस करके लोगों का दिल जीत लिया। जजों ने गोद में उठाकर, बेस्ट बेबी डांसर का खिताब दिया। उर्वी बहुत ही आशावादी, ऊर्जावान हर कार्य में अव्वल एवं कुछ-न-कुछ नया करने, नया सीखने की ललक रखती है। ईश्वर की कृपा से वह बहुत होशियार एवं होनहार छात्रा है। उसके गुरु का कहना है कि पूरे उत्तर भारत में उर्वी अकेली ही ऐसी उनकी शिष्या है, जिसने इतनी छोटी उम्र में बालश्री अवार्ड प्राप्त किया है।

धन्य है उर्वी!

5 वर्षीय घुड़सवार—रित्विका शर्मा

मात्र 5 साल की रित्विका जब ग्वालियर किले पर घुड़सवारी करती है, तो बस देखते ही बनता है। तेज दौड़ते घोड़े पर सवार रित्विका को पता है कब क्या एक्शन लेना है। पिता, उसे तेज रफ्तार से घोड़े का संचालन करते देख घबरा जाते हैं, लेकिन रित्विका बड़ी कुशलता से घोड़ा चलाती रहती है।

रित्विका पूरी तरह आत्म-अनुशासित है। खेलते समय खेलना है, होमवर्क समय पर पूरा करना है। हर कार्य को पूर्ण मेहनत एवं दक्षता से करने को तत्पर। जबरदस्त आत्मविश्वास, जो कार्य करती है 100 प्रतिशत ऊर्जा के साथ। उसकी लीडरशिप क्वालिटी उसे किस उच्च स्तर पर ले जाएगी, यह अभी नहीं कहा जा सकता, लेकिन उसके गुण, उसे उत्कृष्टता के शिखर पर ले जाएँगे यह सभी का विश्वास है।

दिव्या सैनी–12 साल की उम्र में 12वीं पास

बिना किसी के सिखाए, सब कुछ स्वयं ने सीखा। छ: वर्ष की उम्र में छठी में प्रवेश। बारह साल की उम्र में 80 प्रतिशत अंकों सहित बारहवीं पास। माता सरकारी स्कूल में प्राचार्य एवं पिता एक शिक्षक। दिव्या डॉक्टर बनना चाहती थी, लेकिन कम उम्र के कारण मेडिकल में प्रवेश नहीं हो सका। अब वह IIT की तैयारी कर रही है।

बचपन से ही गहन जिज्ञासु दिव्या की हर बात में सवाल ही सवाल होते हैं। छोटी थी तभी से आग कैसे बनी, चमकने वाला वह तारा कौन-सा है, सूरज किधर से आता है, शाम को कहाँ चला जाता है, जैसे प्रश्न उसके दिमाग में आते रहते थे। एक बार जो बता दो, वह भूलती नहीं। जन्म से ही मेधावी, जबरदस्त जिज्ञासु, दिव्या स्वयं में एक अनोखी प्रतिभा है।

चाय वाले का बेटा–पहुँचा नासा

समोसा एवं चाय की दुकान के मालिक बद्रीलाल प्रजापति का बेटा सचिन प्रजापति नेशनल एरोनॉटिकल एण्ड स्पेस एडमिनिस्ट्रेशन (नासा) द्वारा आयोजित परीक्षा में सफल होने के बाद स्पेस रिसर्च एण्ड एविएशन प्रोग्राम के लिए 27 मई, 2013 को न्यूयॉर्क में था, नासा के परिसर में रॉकेट के डमी सफर के लिए।

परीक्षा में अव्वल रहने की हमेशा से जिद रखने वाले सचिन को उसके परिवार के वित्तीय हालात नहीं डिगा सके अपने लक्ष्य से। "उसका कहना है, हालात कैसे भी हों, हताश न हों, सपने बड़े ही देखें और पूरी तरह संकल्पित होकर, जुट जाएँ उन्हें पूर्ण करने के लिए।"

श्रेष्ठ मोदी-सबसे कम उम्र का ब्लैक बैल्ट

ढाई साल के बच्चे की उछल-कूद से परेशान माँ उसे ताइक्वांडो क्लास में ले जाती है। वहाँ श्रेष्ठ खिलाड़ियों को एक-दूसरे से लड़ते हुए, साँप की तरह फुंकार मारते हुए देखता है। बस शुरू हो जाता है उसका सफर। मार्शल आर्ट ट्रेनर-पमीर शाह के अनुसार, "श्रेष्ठ सारे पैतरे तुरन्त सीख लेता है। एक तरीके से समझ नहीं आता है, तो स्वयं दूसरा तरीका खोज लेता है, लेकिन किसी से पीछे रहना उसने नहीं सीखा।" पाँच साल ग्यारह माह की उम्र में वर्ल्ड ताइक्वांडो फेडरेशन ने ब्लैक बैल्ट से उसे नवाजा है। यह देश का सबसे कम उम्र का ब्लैक बैल्ट धारक है।

"यदि 100 प्रतिशत चाहते हो, तो आपकी मेहनत 120 प्रतिशत के लिए होनी चाहिए।"

कक्षा चार का विद्यार्थी-स्केटिंग मास्टर

राजस्थान स्पीड स्केटिंग चैम्पियनशिप, 2010 में गोल्ड मेडल, इण्डिया बुक ऑफ रिकॉर्ड एवं लिम्का बुक में इसी साल दर्ज उसका नाम, राजवीर सिंह पँवार। स्कूल जाने से पहले प्रतिदिन एक घण्टा प्रैक्टिस। शैतानियाँ करने वाला एक सामान्य विद्यार्थी, मात्र 60 या 62 प्रतिशत अंक प्राप्त करने वाला विद्यार्थी, लेकिन स्केटिंग में आश्चर्यजनक हुनर, कुशल।

शूटिंग में कमाल निशान्त

'कड़ा अभ्यास और कोशिश पर है भरोसा' कैसा भी हो मौसम, चाहे गर्मी, चाहे सर्दी, हर सुबह निशान्त का शूटिंग रेंज में पहुँचना एक नियमित कार्य है। प्रतिदिन 6 से 8 घण्टे तक शूटिंग रेंज में पूरी मेहनत एवं लगन से अभ्यास। अन्य बच्चों की तरह सैर-सपाटे एवं मनोरंजन के लिए वक्त नहीं है। सिर्फ कड़ी मेहनत एवं कोशिश पर भरोसा। लक्ष्य के प्रति पूर्ण समर्पण, परिणाम मेरे हाथ में नहीं। उसके समर्पण में है एकाग्रता से उपजा विश्वास। वह भी स्वयं को अभिनव बिन्द्रा के समान शिखर पर देखना चाहता है।

इण्टरनेशनल साइंस ओलम्पियाड में गोल्ड मेडलिस्ट-शरद मिरानी

17 वर्षीय 12वीं कक्षा के छात्र शरद मिरानी को देखकर उसकी उपलब्धियों का अन्दाजा लगाना मुश्किल है। तीन साल से अलग-अलग देशों में इण्टरनेशनल साइंस ओलम्पियाड में हर बार मेडल लेकर आया है। कोर्स की ज्यादातर पढ़ाई स्कूल में ही पूरी करने के बाद अर्थ साइंस, एस्ट्रोनॉमी एवं फिजिक्स जैसे जटिल विषयों में गहराई से तैयारी करने के लिए बहुत कड़ी मेहनत, लगन एवं निष्ठा की आवश्यकता है।

शरद का कहना है कि विज्ञान के जटिल प्रश्नों को हल करने में याददाश्त ज्यादा मददगार साबित नहीं होती, बल्कि एकाग्र एवं तर्कसंगत ढंग से हल ही एकमात्र तरीका है। घर की छत पर घण्टों टेलीस्कोप के साथ आकाश एवं

अन्तरिक्ष की गहराई नापने का प्रयास। ओलम्पियाड के सम्बन्ध में शरद का कहना है कि वहाँ सब कुछ अनिश्चित रहता है। कितना भी ज्ञान हो, आप सफलता का दावा नहीं कर सकते।

उसके टीचर्स का कहना है कि शरद कुछ अलग विद्यार्थी है। उसके सामने कठिन चुनौती हो, तो वह सफल होने के लिए कुछ भी कर सकता है। पड़ोसियों के अनुसार वह एक आदर्श विद्यार्थी है। सबके पास सिर्फ 24 घण्टे ही होते हैं, लेकिन इन घण्टों का इस्तेमाल शरद जिस तरह करता है वह अन्य बच्चे नहीं करते, इसीलिए शरद सबसे आगे है।

सकारात्मक नज़रिया अपनाएँ

* * *

सकारात्मक सोच से मस्तिष्क में असीम ऊर्जा का प्रवाह होता है। मन प्रफुल्लित रहता है। कार्य करने की इच्छा उत्पन्न होती है, उत्साहवर्द्धक विचार आते हैं और ये सब आपको सफलता की ओर अग्रसर करते हैं। सकारात्मक सोच एवं दृढ़ संकल्प के बल पर असम्भव से प्रतीत होने वाले लक्ष्य को भी सहजता से प्राप्त किया जा सकता है।

* * *

पढ़ें, समझें एवं अमल करें ......

''पुस्तकों में भरा है अकूत ज्ञान। छोटी-छोटी कहानियाँ, सीखने की चाह रखने वाले को बहुत कुछ सिखा सकती हैं। जरूरत है उस ज्ञान को समझकर जीवन में अमल करने की।''

① लक्ष्य निर्धारण एवं लक्ष्य के प्रति पूर्ण समर्पण

बिना लक्ष्य निर्धारण किए, आपकी हालत उस नाविक की तरह है, जिसे यह पता नहीं कि जाना किस दिशा में है, बस हवा के झोंके के साथ, इधर-से-उधर होते रहना ही उसका नसीब बन जाता है। सर्वप्रथम आवश्यकता है कि हम अपना लक्ष्य तय करें, जैसे स्कूल के छात्र के लिए यह लक्ष्य बनाना आवश्यक है कि उसे किस क्षेत्र में आगे बढ़ना है—कला, वाणिज्य या विज्ञान। विज्ञान में, मेडिकल या इन्जीनियरिंग।

वाणिज्य में CA, CS या B.com। छात्र को नौकरी करना पसन्द है या अपना व्यवसाय। घर की परिस्थितियाँ क्या हैं? आपकी योग्यता तथा क्षमता के अनुसार भी लक्ष्य का निर्धारण करना उचित होगा।

गणित विषय में कमजोर लड़का, आई.आई.टी. या इन्जीनियरिंग में सफल होना चाहता है, तो यह असम्भव नहीं तो, दूभर तो है ही। अंग्रेजी में कमजोर छात्र एम.बी.ए. हेतु कैट (CAT) की परीक्षा में

अच्छे पर्सेण्टाइल की आशा करता है, तो यह एक उचित लक्ष्य का निर्धारण नहीं होगा।

* लक्ष्य स्पष्ट होना चाहिए।

* लक्ष्य तय करने से पहले अपनी योग्यता तथा क्षमताओं का ईमानदारी से आकलन करें।

* लक्ष्य निर्धारित करते समय, अपने अभिभावकों, सच्चे मित्रों, बुजुर्गों, अच्छे अध्यापकों से भी विचार-विमर्श एवं राय ले लेनी चाहिए।

* लक्ष्य को कई छोटे-छोटे लक्ष्यों में बाँटना सम्भव हो, तो यह करना अच्छा रहता है, जिससे एक छोटा लक्ष्य प्राप्त करने के पश्चात् आपका आत्मविश्वास/मनोबल बढ़ता है। आपका कार्य करने का उत्साह बढ़ता है।

* लक्ष्य निर्धारण के पश्चात् लक्ष्य संधारण के लिए, पूर्ण समर्पण से जुट जाएँ।

पूरे संकल्प के साथ अपने लक्ष्य की पूर्ति हेतु समय का उचित नियोजन करें। कार्य निष्पादन करने का टाइम-टेबल बनाएँ। उसके अनुसार प्रतिदिन कार्य पूर्ण करने का प्रयास करें। यदि टाइम-टेबल में कुछ परिवर्तन की आवश्यकता है, तो वह भी कर लें, लेकिन प्रयास करें कि तय टाइम-टेबल में आप द्वारा निर्धारित कार्य पूर्ण होना चाहिए। यह स्व:अनुशासन, सफलता हेतु आवश्यक है। टाइम-टेबल में, मनोरंजन को भी समय दें। आकस्मिकताएँ जीवन का अंग हैं, अत: आपके टाइम-टेबल में इतनी गुंजाइश होनी चाहिए कि किसी भी प्रकार की आकस्मिकता घटित होने पर भी आप लक्ष्य प्राप्त करने में सक्षम रहेंगे।

''लक्ष्य जितना बड़ा होगा, उसकी प्राप्ति का मार्ग भी उतना ही लम्बा होगा और मार्ग में अवरोध भी अधिक ही आएँगे, तो ऐसी स्थिति में दृढ़ संकल्प एवं अटूट आत्मविश्वास ही आपको सफलता दिला सकते हैं।''

एक बार लक्ष्य तय करने के बाद, उसे भूलने या उसकी उपेक्षा करने की भूल न करें। बार-बार उसे याद रखें। अपने निर्धारित लक्ष्य को अपने स्टडीरूम में कई स्थानों पर रंगीन स्याही से, बड़े-बड़े अक्षरों में लिखकर चिपका दें। अपनी कॉपियों में लिख लें। मतलब कि आपकी आँखों के आगे बार-बार आपका लक्ष्य आता रहना चाहिए। यह तरीका आपको अपने लक्ष्य के प्रति पूर्ण समर्पण हेतु मददगार रहेगा।

याद रखें *यह लक्ष्य आपने स्वयं अपनी योग्यता तथा क्षमताओं का आकलन करके, अपनी पसन्द से चुना है। यह आपकी उत्कट इच्छा है, इसे पूर्ण करने हेतु आपको पूर्ण समर्पण से, अपनी पूर्ण ऊर्जा के साथ जुट जाना है। सफलता अवश्य मिलेगी।*

② विपरीत परिस्थितियों में सफल होना सीखिए

इतिहास गवाह है कि मेधावी विद्यार्थियों ने कितनी भी विकट परिस्थितियों में कड़ी मेहनत, लगन एवं अटूट संकल्प के बल पर सफलता की बुलन्दियों को छुआ है।

हाथ-पैरों से अपंग, भयानक रूप से बीमार, माता-पिता बहुत गरीब, इन सबके बावजूद परीक्षा में टॉपर्स की श्रेणी में अपना स्थान बनाना, यह अदम्य आत्मविश्वास एवं संकल्पशक्ति का ही तो कमाल है।

वर्तमान प्रतिस्पर्द्धा के समय में, एक तरफ़ धनाढ्य वर्ग के बच्चों को सभी सुविधाएँ मिलने के बावजूद बेहतर परीक्षा परिणाम नहीं दे पाते, वहीं सीमित संसाधन एवं कड़ी मेहनत के साथ, कई प्रकार की विपरीत परिस्थितियों में, गरीब वर्ग के कई होनहार बच्चे बहुत शानदार उपलब्धियाँ हासिल करने में समर्थ हो जाते हैं।

सफलता, सुविधाओं की मोहताज नहीं होती है। सफलता के लिए गरीबी अभिशाप नहीं हो सकती है। जो छात्र पुरुषार्थ में विश्वास रखता है, जिसमें स्वयं में मेहनत करने का जज्बा है, जिसमें कठिन परिस्थितियों में संघर्ष करने की कुव्वत है, जो हर विकट परिस्थिति में अनुकूलता ढूँढ लेता है, वही जीवन में जीत हासिल करता है। हर छात्र की परिस्थिति समान नहीं होती। जो अपंगता के बावजूद, स्वयं को पूर्ण सक्षम छात्र से भी आगे ले जाने में समर्थ है, तो आप स्वयं का आकलन इस सन्दर्भ में करें।

यदि आप पूरी तरह सक्षम हैं, तो ईश्वर ने आपको सफल होने का पूरा अवसर प्रदान किया है, आप पूरी निष्ठा से, अपनी सम्पूर्ण ऊर्जा को लक्ष्य-प्राप्ति में समर्पित कर दें। यदि आप गरीब परिवार से हैं, आप निशक्त हैं या आप किसी ऐसी आकस्मिक दुर्घटना के शिकार हो गए हैं या अन्य कोई ऐसी विकट परिस्थिति बन गई है, तो थोड़ा धैर्य रखें, संयम रखें, बिल्कुल हताश न हों, निराश न हों, ईश्वर में आस्था रखें और सबसे बड़ी बात, स्वयं में विश्वास रखें, अपने मनोबल को बनाए रखें एवं लक्ष्य संधारण हेतु जुट जाएँ, सफलता आपके कदम चूमेगी।

> ''खोकर पाने का मजा ही कुछ और है,
> रोकर मुस्कुराने का मजा ही कुछ और है,
> हार तो जिन्दगी का हिस्सा है मेरे दोस्त,
> हारने के बाद जीतने का मजा ही कुछ और है।''

विपरीत परिस्थितियाँ, आपके साहस, आत्मविश्वास के लिए एक चुनौती हैं, इसे स्वीकार करें, संघर्ष के लिए तैयार रहें। इस किताब में हमने कितने ही ज्वलन्त उदाहरण दिए हैं, जिन्होंने बहुत विकट परिस्थितियों में स्वयं को सँभालकर, शानदार सफलता अर्जित की है। आप इन कहानियों को बार-बार पढ़ें, उनसे सीखें, उनसे प्रेरणा लें एवं झोंक दें अपनी सारी ऊर्जा को अपने लक्ष्य संधारण की दिशा में, सफलता आपको अवश्य मिलेगी।

③ व्यसनों के पिशाच से बचें

आज की युवा पीढ़ी ऐसे विषैले वातावरण में पल रही है, जहाँ चारों तरफ़ मनभावन, लुभावने, भटकाव वाले, फिसलन भरे रास्ते हैं। कितने ही प्रकार के व्यसन के साधन बहुत आसानी से उपलब्ध हैं और अधिकांश धनाढ्य युवा, व्यसनों के पिशाच के शिकार पाए जाते हैं।

सिगरेट व शराब तो आज फैशन में सम्मिलित हैं। विभिन्न प्रकार की ड्रग्स बहुत आसानी से उपलब्ध हैं। बिना शराब के कोई भी पार्टी पूर्ण नहीं मानी जाती है। रेव पार्टियों में ड्रग्स का सेवन बहुलता से होता है, यह एक कटु सत्य है। इन सबका परिणाम क्या होता है? इस बात को युवा वर्ग समझता भी है, लेकिन जीवन में आज ही सारी मौज-मस्ती का आनन्द लेने के जुनून में, वह फिसल जाता है। अपने लक्ष्य को भूलकर वह वासना के दलदल में फँस जाता है। व्यसनों का धीरे-धीरे आदी हो जाता है और इनके खर्चों की पूर्ति में कोई बाधा आती है, तो वह आपराधिक कृत्यों को करने से भी नहीं चूकता।

न्यूज पेपर्स/मीडिया में ऐसी कहानियाँ खूब देखी जा सकती हैं, जिनमें अच्छे घर का छात्र मोटरसाइकिल/कार चोरी में पकड़ा गया, क्योंकि उसे मौज-मस्ती के लिए पैसे चाहिए थे।

व्यसन में लिप्तता, कुसंग का ही तो परिणाम है। यह आपको अपने लक्ष्य से दूर करती है, साथ ही आप शारीरिक एवं मानसिक रूप से नशे के गुलाम होते जाते हैं। चुरी का नशा, सिगरेट का नशा, ये आपको कैंसर दे सकते हैं। शराब आपकी किडनी की दुश्मन है एवं ड्रग्स का सेवन आपको मानसिक रूप से पंगु बनाता है। कृपया सोचें, क्या आपकी जिन्दगी इतनी सस्ती है कि यह व्यसनों के अधीन होकर बरबाद हो जाए? क्या आपने इस दुनिया में, व्यसनों की गुलामी में जीने के लिए जन्म लिया है?

''याद रखें, आपकी शक्ति का स्रोत बाह्य साधन नहीं, बल्कि आपकी संकल्पशक्ति है।''

जिन्दगी न इतनी सस्ती है, न इसे इतना गर्त में जाने दो। अपने आपको दूर रखो व्यसन के पिशाच से और यदि आप किसी भी कारण से चंगुल में फँस भी गए हो, तो संकल्प लें और त्याग दें सब व्यसन। यह न सोचें कि ऐसा सम्भव नहीं है। ऐसे बहुत सारे शख्स मिल जाएँगे, जिन्होंने अपनी संकल्पशक्ति के बल पर, जीवन को व्यसन के जंजाल से मुक्त किया है।

आप युवा हैं, आपको अपने माता-पिता की अपेक्षाओं पर खरा उतरना है। समाज को व देश को आपको बहुत कुछ देना है। आपको बहुत शानदार कार्यों को अंजाम देना है। जागें, सब व्यसनों को त्यागकर, जीवन को सही मार्ग पर अग्रसर करें, ईश्वर आपको निश्चित ही सफल करेगा।

४ हीनता नहीं, आत्मबल का विकास करें

स्वयं को हेय समझना, व्यक्तित्व की सबसे बड़ी कमजोरी है। हर व्यक्ति की अपनी अलग विशेषता होती है। हीनता की ग्रन्थि, असफलता की गारण्टी है। जीवन में सारी उलझनें, मानसिक अवसाद, अपरोक्ष दुःख, ईर्ष्या का बहुत बड़ा कारण हीनता की भावना का मन में घर कर जाना है।

युवा वर्ग में, खास तौर पर छात्र-छात्राओं में अपने साथियों के रहन-सहन, कपड़े एवं साधन सम्पन्नता देखकर, हीनता का भाव पैदा होना, एक सामान्य-सी घटना है, लेकिन इस बात पर थोड़ा विचार करें कि दूसरों से स्वयं की तुलना क्यों करनी है। क्या एक

गृहस्थ महिला, एक तवायफ के साज श्रृंगार, सोने-चाँदी से लदे जेवरातों से जलन कर, उसके अनुसार बनना पसन्द करेगी? कोई अमीर है, साधन सम्पन्न है, लेकिन पढ़ाई में आप उससे आगे हैं, तो भविष्य किसका उज्ज्वल हुआ?

उस अमीरजादे या अमीरजादी की सम्पन्नता का दिखावा अपने पिता के पैसों का है, जबकि आपके पास जो कुछ है वह आपकी कड़ी मेहनत का परिणाम है।

"केवल वे ही सपने सच नहीं होते, जो सोते वक्त देखे जाते हैं, सपने वे ही सच होते हैं, जिनके लिए आप सोना छोड़ देते हैं।"

कोई आपसे सुन्दर है, हैण्डसम है, अच्छी शारीरिक बनावट है, तो भी आप हीनता क्यों महसूस कर रहे हैं? वैसे तो सबसे सुन्दर वह है, जिसका स्वास्थ्य अच्छा है। मात्र सुन्दर होने से जीवन नहीं चलता है।

यदि वह इण्टेलीजेण्ट नहीं है, मेहनती नहीं है, तो यह सुन्दरता, हैण्डसम होने का क्या लाभ? हर व्यक्ति की अपनी-अपनी खूबियाँ होती हैं। एक विकलांग छात्र, अपनी मेहनत के बल पर आई.ए.एस. अधिकारी बन जाता है।

दुनिया की सबसे बदसूरत महिला ने प्लास्टिक सर्जरी कराने से मना कर दिया। आँख से अन्धा व्यक्ति, टॉपर्स में अपना नाम दर्ज कराने में सक्षम होता है। रिक्शा चालक का बेटा, भारतीय प्रशासनिक सेवा में चयनित हो जाता है। अब आप सोचिए, यदि ये लोग हीन भावना से ग्रस्त हो जाते, तो क्या होता? क्या वे इतनी शानदार सफलता हासिल कर पाते?

सबसे महत्त्वपूर्ण बात है—आत्मबल की। सारा खेल ही आत्मबल का है। सर्वोपरि सर्वसमर्थ बल का नाम है—आत्मबल। आत्मबल वह बल है, जो हर परिस्थिति में आपको अडिग रखता है। जो हर फिसलन के रास्ते में आपको जाने से रोकता है। यह ऐसी संकल्पशक्ति है, जो आपके लक्ष्य संधारण में सबसे अहम् भूमिका निभाती है।

> ''अनुशासन, आत्मसंयम, आत्मविश्वास,
> कुछ कर गुजरने की इच्छा, संघर्ष की
> ताकत, अपनी क्षमताओं, योग्यताओं का
> उपयोग, लक्ष्य-प्राप्ति की दिशा में,
> यह सब तब ही सम्भव है,
> जब आप में आत्मबल है।''

आज के छात्र वर्ग में आत्मबल की कमी देखी गई है। इसका कारण है—प्रारम्भ से ही पराश्रित होना, जीवन में अनुशासन का अभाव, सही मार्गदर्शन का अभाव, दूसरों की तुलना में स्वयं को हीन समझना इत्यादि।

आत्मबल का विकास, मनन से/योग से किया जा सकता है। दु:ख की बात है कि पतंजलि के देश में/स्वामी विवेकानन्द के देश में योग को कभी स्कूल/कॉलेज की शैक्षिक व्यवस्था में नहीं जोड़ा गया। योग के माध्यम से आप अनुशासन सीखते हैं, आप एकाग्र होने के गुण सीखते हैं, आपका स्वास्थ्य अच्छा रहता है। चेहरे पर दमक, योग से आती है एवं सर्वोपरि आप में हर विपरीत परिस्थिति में संघर्ष कर जीतने का जज्बा पैदा होता है। आपका आत्मविश्वास बढ़ता है, आपका मनोबल बढ़ता है, आपका आत्मबल बढ़ता है।

⑤ महत्त्वाकांक्षाओं पर नियन्त्रण रखें

बिना महत्त्वाकांक्षा के व्यक्ति आगे बढ़ने को तत्पर नहीं होता है। सफलता के लिए लक्ष्य निर्धारित करना आवश्यक है एवं लक्ष्य निर्धारण के लिए आपकी कुछ महत्त्वाकांक्षाएँ होनी चाहिए। इसका अर्थ हुआ कि जीवन में आगे बढ़ने के लिए महत्त्वाकांक्षा अहम् भूमिका निभाती है। फिर इस नियन्त्रण का क्या अर्थ है?

इस नियन्त्रण का अर्थ है कि अति महत्त्वाकांक्षा जीवन में बहुत पीड़ा एवं दुःख पैदा कर सकती है। आपकी महत्त्वाकांक्षा यदि आपकी योग्यता, क्षमता के अनुकूल नहीं है, तो आप उसकी पूर्ति के लिए, गलत रास्ते अपनाने का प्रयास करेंगे। आप अपराध के माध्यम से अपनी महत्त्वाकांक्षा की पूर्ति करेंगे और यह ऐसी स्थिति है, जो आपके जीवन को गर्त में धकेल सकती है। अनियन्त्रित महत्त्वाकांक्षा का अर्थ है कि आप कुछ भी करके कोई चीज प्राप्त करना चाहते हैं।

बैंक में क्लर्क की नौकरी करने वाला एक व्यक्ति पाँच वर्ष में करोड़पति, अरबपति बनने की महत्त्वाकांक्षा पाल लेता है, तो उसका हश्र क्या होगा? वह किसी-न-किसी गबन, धोखाधड़ी, चोरी या डकैती के माध्यम से ही यह कर सकता है।

बहुत-सी लड़कियाँ अति महत्त्वाकांक्षा के कारण अपना जीवन बर्बाद कर लेती हैं। बॉलीवुड में हीरोइन बनने के सपने पालने वाली कितनी ही लड़कियाँ, कॉलगर्ल एवं वेश्या बनने पर मजबूर होती देखी जा सकती हैं।

एक छात्र रिश्वत के माध्यम से राज्य की प्रशासनिक सेवा में चयनित होने के बाद शीघ्र-अतिशीघ्र अपने पैसे निकालकर, रिश्वत से शानदार महल बनाने की महत्त्वाकांक्षा पाल लेता है। वह नौकरी के दूसरे वर्ष में ही भ्रष्टाचार निरोधक विभाग द्वारा पकड़कर जेल में भेज दिया जाता है।

कॉलेज में पढ़ने वाले एक छात्र की महत्त्वाकांक्षा थी कि वह अपनी गर्लफ्रैण्ड को बी.एम.डब्ल्यू में घुमाएगा। इसके लिए उसने बैंक डकैती की योजना बनाई एवं पकड़ा गया। मुख्य बात है कि आपकी महत्त्वाकांक्षा आपकी योग्यता, क्षमता के अनुरूप नहीं है, तो वह आपके हित में नहीं है। धैर्य, संयम एवं मेहनत से, सही रास्ते पर चलकर जो सफलता मिलती है, उसका आनन्द, कभी तुरत-फुरत, शॉर्टकट से मिलने वाली सफलता में नहीं आ सकता है।

अत: अपनी महत्त्वाकांक्षा पर नियन्त्रण रखें।

''बिना लक्ष्य निर्धारण किए, चलने वाले व्यक्ति की दशा, उस नाविक के जैसी होती है, जिसे अपने अन्तिम बन्दरगाह का ज्ञान नहीं होता है और वह हवा के झोंकों के साथ कभी इधर-कभी उधर भटकता रहता है।''

6 अपने सपनों को साकार करने हेतु संकल्पित हों

हर युवा, हर छात्र जब स्कूल/कॉलेज में शिक्षा हेतु जाता है, तो उसका एक सपना होता है, वह चाहता है, कुछ ऐसा कर दिखाना, जो सामान्य से अलग हो। वह कुछ विशेष उपलब्धियाँ अर्जित कर अपना नाम अचीवर्स में दर्ज कराना चाहता है, लेकिन ये सब मात्र सपने ही हैं। कितने लोग ईमानदारी से इन सपनों को साकार करने हेतु तत्पर होते हैं। सपने देखना और सपनों को पूरा करने हेतु संकल्पित होना, अलग-अलग बातें हैं।

कहते हैं कि "सपना वह नहीं जो हम नींद में देखते हैं। सपना वह है, जिसे पूरा करने तक हमें नींद नहीं आती।"

सपना पूरा नहीं कर पाने हेतु जिस प्रकार के बहाने बनाए जाते हैं वह बहुत ही खेदजनक स्थिति है, वह स्वयं के पुरुषार्थ पर एक प्रश्नचिन्ह है। कोई आर्थिक स्थिति का रोना रोता है, तो कोई कोचिंग उपलब्ध नहीं होने का कारण बताता है, तो कोई परीक्षा में उल्टे-सीधे प्रश्न आने को अपनी असफलता के लिए जिम्मेदार ठहराता है, तो कोई, मात्र अपने भाग्य/दुर्भाग्य को कोसकर अपने आपको तसल्ली देता है। ऐसे छात्र भूल जाते हैं कि संकल्पशक्ति के बल पर, हर विकट स्थिति का सामना किया जा सकता है।

हम समझ सकते हैं कि कई बार परिस्थितियाँ इतनी प्रतिकूल हो जाती हैं कि हमारा उन पर बस नहीं चल पाता है, लेकिन अधिकांश मामलों में, असफलता का कारण, छात्रों द्वारा की गई लापरवाही, मेहनत में कमी, समय का दुरुपयोग एवं कुसंग में फँसकर लक्ष्य से भटकना होता है।

यदि आप अपने सपनों को साकार करने हेतु संकल्पित हैं, तो निम्न बिन्दुओं पर गौर करें

- सपनों का लक्ष्य वास्तविकता के अनुसार होना चाहिए। मुंगेरी लाल के सपने कभी पूरे नहीं हुए। आपको स्वयं की ऊर्जा व क्षमता के अनुसार सपनों का लक्ष्य निर्धारण करना होगा।

- लक्ष्य हासिल करने की दिशा में हर कदम को खूब सोच-समझकर बढ़ाएँ। आपको योजना बनाकर, हर बिन्दु पर अच्छी तरह से सोचकर, कदम बढ़ाना होगा।

- सपनों को छोटे-छोटे लक्ष्यों में वर्गीकृत कर लें। इससे आपको अपने लक्ष्य-प्राप्ति में आसानी होगी एवं आपका आत्मविश्वास बढ़ेगा। छोटी-छोटी उपलब्धियाँ, बड़े लक्ष्य को प्राप्त करने की दिशा में बहुत अहम् भूमिका निभाती हैं।

- लक्ष्य के सन्दर्भ में समय का निर्धारण करें। आप छोटे-छोटे लक्ष्यों हेतु समय का निर्धारण करें एवं हर हालत में उन लक्ष्यों की पूर्ति सुनिश्चत करें।

- आप अपने लक्ष्य एवं उपलब्धियों की नियमित समीक्षा करें। आपने जो लक्ष्य तय किए हैं, उस सन्दर्भ में आपकी क्या उपलब्धियाँ हैं? इसकी पूरी ईमानदारी से समीक्षा की जानी चाहिए। यदि कोई विशेष समस्या है, तो उसका तुरन्त निदान करने का प्रयास करें।

- अपनी क्षमता में अभिवृद्धि करने का प्रयास करें। व्यक्ति की क्षमता अकूत है। आपने कुछ भी तय किया है, उसके अनुसार अपनी क्षमता को बढ़ाने का प्रयास करें। यह प्रयास पूरी ईमानदारी से किया जाना चाहिए।

असम्भव कुछ नहीं है, कुछ प्राप्तियाँ कठिन हो सकती हैं, किसी को कुछ अधिक समय लग सकता है। आवश्यकता है—दृढ़ निश्चय से संकल्पित होने की। पूर्ण मेहनत, ईमानदारी एवं लगन से किया प्रयास कभी असफल नहीं होता। जो व्यक्ति अपने सपने साकार करने में समर्थ होते हैं, वे कोई अनूठे इंसान नहीं होते, लेकिन वे अपनी योग्यता, क्षमता को अपने सपनों को साकार करने की दिशा में पूर्ण समर्पण एवं संकल्पित होकर मोड़ देते हैं।

> ''महान् सपने देखने वालों के महान् सपने हमेशा पूरे होते हैं।''
>
> अब्दुल कलाम

 शालीन बनें, सभ्य बनें एवं विनम्र बनें

आज के जहरीले वातावरण में जहाँ चारों तरफ़ भ्रष्टाचार, हिंसा, चरित्रहीनता, कामुकता, उच्छृंखलता, समलैंगिकता, निर्लज्जता, बेरोजगारी, अपराध व्याप्त है, ऐसी भयावह स्थिति में आवश्यकता है कि आज को युवा छात्र शालीन बनें, सभ्य बनें एवं विनम्र बनें। ये तीनों गुण एक जैसे ही हैं। युवा वर्ग में आज हिंसात्मक प्रवृत्ति,

बुजुर्गों के प्रति असम्मान की भावना, क्रोध की अधिकता, बात-बात में बदला लेने की प्रवृत्ति बढ़ती जा रही है। इस प्रकार की प्रवृत्ति का सबसे बड़ा नुकसान युवा छात्र वर्ग को ही उठाना पड़ता है। स्कूल/कॉलेजों में देखने को मिलता है कि छोटी-छोटी बातों में आपस में चाकू चल जाते हैं, गोलियाँ चल जाती हैं। इससे वे कानून के शिकंजे में अनायास ही फँसकर अपना जीवन तबाह कर लेते हैं।

बातचीत में गाली-गलौच, बोलने में अहंकार एवं अपने अध्यापकों के प्रति असम्मान एक सामान्य-सी बात हो गई है। जिस समय पर सद्गुणों को सीखने की आवश्यकता है, सद्गुणों के विकास की आवश्यकता है, उस समय पर छात्र वर्ग ऐसे माहौल में पल-बढ़ रहा है, जहाँ सब कुछ उल्टा हो रहा है।

यही तो वह समय है, जब छात्र वर्ग के जीवन में अच्छे संस्कारों का बीजारोपण होता है। माता-पिता के संरक्षण के बाद, यह वह समय होता है जब उसे सभ्यता, विनम्रता एवं शालीनता के महत्त्वपूर्ण सद्गुणों को अपने व्यवहार में लाना होता है।

कहते हैं कि व्यक्ति कितना भी पैसा कमा ले, लेकिन जिस व्यक्ति ने विनम्रता, शालीनता एवं सभ्यता नहीं सीखी, वह हमेशा अपयश, घृणा, द्वेष एवं निन्दा का पात्र रहेगा।

आप स्वयं सोचिए, छात्र जीवन के बाद आपके जीवन में और कौन-सा समय आएगा, जब आप में इन गुणों का विकास हो सकेगा।

आजकल जिस तरह की फैशन में उच्छृंखलता बढ़ती जा रही है, खासतौर पर तथाकथित बड़े घरों की लड़कियों में, वह शालीनता की हर परिभाषा के विपरीत है। जिस तरह से अध्यापकों के साथ मारपीट, उन्हें अपमानित करना, एक आम घटना हो गई है। कुछ युवा छात्र सस्ती लोकप्रियता हासिल करने के लिए, छात्र जीवन में एक गैंग लीडर की तरह स्वयं को प्रस्तुत करके, राजनीति में कदम

रखना चाहते हैं। अधिकांश ऐसे छात्र बस स्कूल/कॉलेज तक ही कुछ सफलता हासिल करते हैं एवं बाद में किसी राजनैतिक पार्टी के सामान्य कार्यकर्ता ही बनकर रह जाते हैं। विनम्रता ऐसा गुण है, जो आपको हर कठिन समय में सहारा देता है।

बातचीत में शालीनता एवं अपने आचरण में सभ्यता लाने का सद्प्रयास करें, ये गुण यदि आपने अपने व्यवहार में अपना लिए, तो आप जीवन में बहुत आगे जाएँगे, बहुत लोकप्रिय होंगे एवं आपके जीवन में हमेशा खुशियाँ व्याप्त रहेंगी।

⑧ चरित्र का नाश न करें

चरित्र व्यक्ति की सर्वोपरि पूँजी है। छात्र वर्ग के लिए चरित्र का महत्त्व, एक वयस्क व्यक्ति से बहुत ज्यादा है। वयस्क व्यक्ति यदि चरित्र का नाश भी करता है, तो इससे उस पर उतना दुष्प्रभाव नहीं पड़ेगा, जितना एक युवा छात्र पर। इसका अर्थ यह नहीं है कि वयस्क व्यक्ति, चरित्र नाश हेतु स्वतन्त्र है या चरित्र का उसके लिए महत्त्व नहीं है।

हमारा कथन है कि एक युवा छात्र, जिसके सामने सारा जीवन पड़ा है, यदि वह अपना चरित्र नाश कर लेता है, तो उसका जीवन तबाह हो जाएगा। व्यक्ति का आत्मबल, आत्मविश्वास, संकल्पशक्ति सब चरित्र नाश के बाद, नष्टप्राय हो जाता है।

चरित्र वह पूँजी है, जो व्यक्ति के विचार एवं आचरण दोनों के समागम से बनती है। आपके विचार अच्छे हो सकते हैं, आप लोगों में अच्छे विचारवान व्यक्ति की तरह सम्मान पा सकते हैं, लेकिन आपका आचरण यदि कलुषित है, तो आप चरित्रवान नहीं हैं। दिखावटी चरित्रवान बनने का कोई अर्थ नहीं है।

वर्तमान समय में छात्र वर्ग में सबसे ज्यादा किसी एक गुण की कमी दिखाई देती है, तो वह है 'चरित्र' की। बातचीत में छलावा, बनावट, व्यवहार में कपट, हर कार्य पैसे या पावर के बल पर करने, करवाने का प्रयास, ये सब चरित्र में आई गिरावट के प्रतीक हैं। कॉलेज या स्कूलों में छात्र-छात्राओं का आपस में इस तरह का व्यवहार हो गया है कि ब्रह्मचर्य का कोई महत्त्व ही दिखाई नहीं देता है।

आज एक छात्र ब्रह्मचर्य का पालन न करके, मौज-मस्ती करके प्रसन्नता महसूस कर रहा है। वह अपने दोस्तों/मित्रों में अपनी डींग हाँकता है। यदि यही कार्य उसकी 'बहन' करे, तो उसका पौरुष खौल उठता है? सोचें उस छात्र ने जिस किसी के साथ ऐसा किया, वह भी तो किसी की बहन होगी?

इसके अतिरिक्त भी सोचें, शादी होने के बाद आपको एक चरित्रहीन पत्नी मिलती है, तो आपकी प्रतिक्रिया क्या होगी?

यही बात छात्राओं पर भी लागू है। यदि उनका पति ऐसा दुष्चरित्र मिले या उनके घर में जो भाभी आई है, उसका चरित्र ठीक नहीं हो, तो उन्हें कैसा लगेगा? ये सब बातें लिखने का अर्थ, छात्रों को यह समझाने का प्रयास है कि आपके दुष्कर्म जब आपको प्रतिफल के रूप में मिलते हैं, तो आपको पछतावा होता है। अत: आप स्वयं को वास्तव में, गलत कार्यों से दूर रखें।

चरित्र वस्तुतः एक ऐसा शब्द है, जो आपके सम्पूर्ण व्यक्तित्व का दर्पण है। जीवन में कर्त्तव्यपरायणता, सही रास्ते पर चलना, सामाजिक गरिमा का पालन, ब्रह्मचर्य का पालन, सरलता, ईमानदारी एवं नैतिकता में विश्वास, ये सब आपके चरित्र के परिचायक हैं।

शिक्षा का कार्य है—अच्छे संस्कारों को जीवन में उतारना। अच्छे चरित्र का निर्माण मात्र जीविकोपार्जन हेतु आवश्यक, दी जाने वाली शिक्षा से सम्भव नहीं है। यह शिक्षा तो आपको जीविका कमाने के

योग्य बनाती है, जो आजकल बच्चों को दी जा रही है। आजकल इस भौतिकवादी युग में अधिक-से-अधिक पैसा कमाने योग्य बनाना ही शिक्षा का एकमात्र उद्देश्य रह गया है। जिस शिक्षा को ग्रहण करने से ज्यादा सेलरी पैकेज मिलता है, बस छात्र वर्ग उसके प्रति ज्यादा आकर्षित है। वे कैसे भी, गलत/सही रास्ते/तरीकों से उस शिक्षा की ही डिग्री प्राप्त करना चाहते हैं। CAT के पेपर्स लीक होना, छात्रों द्वारा परीक्षा में मोबाइल इत्यादि के प्रयोग से प्रश्नों के उत्तर प्राप्त करना, ये सब इस संस्कारविहीन शिक्षा के ही तो परिणाम हैं।

आज की शिक्षा में नैतिक एवं चारित्रिक मूल्यों की अवहेलना हो रही है और इसका दुष्परिणाम, युवा छात्र वर्ग को अपने पूरे जीवन में झेलना होगा, जिसका आभास उसे आज नहीं है।

कितने ही लड़के/लड़कियाँ नौकरी मिलने के पश्चात्, खूब पैसा कमाने के पश्चात् भी जिन्दगी में सन्तुष्ट नहीं हो पाते। कई लड़कियाँ/लड़के, अच्छे सैलेरी पैकेज होने के बाद आत्महत्या कर लेते हैं, क्योंकि इस संस्कारविहीन शिक्षा ने उन्हें जीवन में संघर्ष करने का बल प्रदान नहीं किया, इसीलिए हमारा कहना है कि छात्र जीवन में चरित्र का महत्त्व समझें। चरित्र वह सर्वोत्तम गुण है, जो हर हालत में आपको विजयी बनाता है।

आपका दृष्टिकोण सकारात्मक रहता है, आप में आत्मविश्वास रहता है, आत्मबल रहता है, आप हमेशा ऊर्जा से सराबोर रहते हैं। अपने चरित्र का नाश न होने दें। चरित्र नाश का अर्थ सम्पूर्ण जीवन का नाश है।

⑨ बड़ों को सम्मान दें, उनके अनुभवों का लाभ उठाएँ

बड़ों के पास अनुभव का खजाना होता है। जिस जीवन को आप जी रहे हैं, वह जीवन आपसे बड़े भी जी चुके हैं। थोड़ा अन्तर नैतिक मूल्यों में या कुछ समय के अन्तर का होता है, लेकिन बड़ों के अनुभव को, आप बिना उनकी उम्र में पहुँचे नहीं प्राप्त कर सकते।

आज का युवा छात्र वर्ग, बड़ों को उचित सम्मान नहीं देता है एवं जेनरेशन गैप (Generation gap) की बात करके यह साबित करना चाहता है कि आज के बुजुर्ग, उनकी बातों को नहीं समझते, उनकी भावनाओं को नहीं समझते। हो सकता है कुछ बातें सही भी हों, लेकिन उन्होंने आपके लिए जो किया है, वह इतना महत्त्वपूर्ण है कि आप द्वारा उनकी अवहेलना करना किसी भी रूप में उचित नहीं कहा जा सकता। जब आप किसी परेशानी में फँस जाते हैं, तो आप कहाँ जाते हैं, तब आपको बड़ों (बुजुर्गों) की जरूरत पड़ जाती है। तब आपको उनकी सारी राय, उनका प्रत्येक कार्य सही प्रतीत होता है।

आप किसी कार्य में असफल हो जाते हैं, तो आपको सांत्वना के शब्द बड़ों से ही चाहिए। आपको ढाँढ़स बुजुर्गों द्वारा ही बँधाई जाती है।

एक और बात इस बिन्दु पर लिखना अनिवार्य है और वह है, बड़ों का अभिप्राय मात्र आपके बुजुर्गों से ही नहीं है, बल्कि उन सीनियर छात्रों, हर उस व्यक्ति से है, जो आज सफलता की सीढ़ियाँ चढ़ चुके हैं, उनके अनुभव का लाभ लें।

आपसे पहले के जो टॉपर्स हैं, उनसे मुलाकात करें। उनसे कुछ समय लेकर, उनके अनुभवों को अपने जीवन में उतारें। वे आपका बहुत अच्छी तरह से मार्गदर्शन कर सकते हैं। आपके स्कूल/कॉलेज के जो पूर्व के मेधावी छात्र-छात्राएँ हैं, उनके जीवन के अनुभव, उनकी

सफलता/असफलता की कहानियाँ आपको बहुत लाभदायक रहेंगी। जब भी ऐसा अवसर मिले, उनसे मिलने का, बात करने का प्रयास करें। उन्हें भी अच्छा लगेगा एवं वे आपके साथ अपने अनुभव बाँटने में प्रसन्नता महसूस करेंगे।

अधिकांश छात्रों को इस बात का महत्त्व ही पता नहीं है, वे बस अपनी मस्ती में चले जाते हैं और स्कूल/कॉलेज का जीवन यूँ ही निकाल देते हैं। जैसे-तैसे, स्नातक परीक्षा पास की और छोटे-मोटे व्यवसाय या नौकरी में लग जाते हैं और जीवन एक सामान्य ढर्रे में चलने लगता है।

सफल होने के लिए, यदि सफल व्यक्तियों का अनुभव और बुजुर्गों का आशीर्वाद प्राप्त किया जाए, तो जीवन में महत्त्वपूर्ण परिवर्तन आ सकता है।

10 अन्य बिन्दु : विविध

उक्त सभी महत्त्वपूर्ण बिन्दुओं के अतिरिक्त, अन्य बहुत सारी छोटी-मोटी बातें हैं, जिन्हें छात्र जीवन में समुचित महत्त्व दिया जाना आवश्यक है।

- **गन्दे साहित्य से दूर रहें, अच्छा साहित्य पढ़ें** आप कह सकते हैं कि कोर्स की किताबें ही पढ़ने का समय नहीं मिलता, अच्छा साहित्य कब पढ़ें। हमने लिखा है कि गन्दा साहित्य नहीं पढ़ें। यदि आपने इस पर ही अमल कर लिया, तो आप गन्दगी से बच जाएँगे।

- **छात्र-जीवन में दुश्मन न बनाएँ** बहुधा देखने में आता है कि छात्रों में छोटी-छोटी बातों को लेकर, खास तौर पर लड़कियों के कारण, प्यार-प्रेम के चक्कर में आपस में दुश्मनी जैसी स्थिति बन जाती है। यह अनुचित है एवं इससे आपको लाभ कभी नहीं होगा, हानि ही हो सकती है।

◈ **लेक्चरर्स की सलाह लें** वैसे तो आजकल स्कूल/कॉलेज का माहौल इतना खराब हो गया है कि छात्र एवं लेक्चरर्स के मध्य, शिष्य-गुरु के सम्बन्ध नहीं रह गए हैं, लेकिन फिर भी कई अध्यापक/लेक्चरर्स अच्छे मिल जाते हैं, उनको आप उचित सम्मान दें एवं उनका मार्गदर्शन लें, आपको लाभ ही होगा।

◈ **सामूहिक पढ़ाई से बचें** बहुत बार छात्र एक साथ बैठकर पढ़ाई करते हैं। जो पढ़ाई एकान्त में हो सकती है, वह कभी 10-15 के समूह में नहीं हो सकती। हर छात्र का पढ़ने का अलग तरीका होता है। कोई नोट्स बनाकर पढ़ता है, तो कोई बोलकर पढ़ता है, तो किसी को पढ़ते समय चुरी खाने की आदत है, तो किसी को हर घण्टे बाद चाय की जरूरत महसूस होती है, तो कोई सिगरेट पीने का आदी है। ये सब बातें इस तरह की हैं, जो आपका ध्यान बँटाती हैं।

◈ **अपने स्टडी रूम को सुव्यवस्थित रखें** अपने स्टडी रूम को साफ़-सुथरा रखें। किताबें, कॉपियाँ, नोट्स, कैलकुलेटर एवं अन्य आपकी जरूरत की चीजों को सही जगह पर रखें। इससे आप जब पढ़ने के लिए बैठते हैं, तो आपकी एकाग्रता बढ़ेगी, आपको अच्छा-सा महसूस होगा। एक और महत्त्वपूर्ण बात है कि प्रयास करें कि आपके दोस्त आपके स्टडी रूम में न आएँ। इससे आप कई प्रकार की परेशानियों से बच जाएँगे। आप क्या पढ़ रहे हैं? कैसे पढ़ रहे हैं? यह आपका व्यक्तिगत मामला है, इसमें किसी अन्य द्वारा की गई टिप्पणी अवांछनीय है, अनुचित है, लेकिन यदि आप अपने मित्रों को स्टडी रूम में ले जाते हैं, तो उनकी टिप्पणी आपको परेशान कर सकती है। इसके अतिरिक्त वे आपसे कोई नोट्स माँग सकते हैं, कोई किताब माँग सकते हैं, कोई सामान बिना आपको बताए उठाकर ले जा सकते हैं, जिससे आपको बहुत परेशानी हो सकती है। अपने

बनाए नोट्स कभी भी किसी को नहीं देने चाहिए। चाहें तो उनकी Photocopy करके दे सकते हैं, लेकिन नोट्स कॉपी कभी नहीं देनी चाहिए। कुछ बातें आपको ठीक नहीं लग सकती हैं, लेकिन ये सभी बातें प्रैक्टिकली सही हैं और एक अच्छे छात्र को इन परेशानियों का सामना करना पड़ता है।

◈ **ईश्वर में आस्था रखें एवं सही मार्ग पर चलते रहें** भारतीय संस्कृति में ईश्वर वह शक्ति है, जो हर कार्य के उचित प्रतिफल का निर्धारक है। जो कुछ आप करते हैं, उसका प्रतिफल उसी अनुसार हमें मिलता है। हम कर्म के करने वाले हैं, प्रतिफल का निर्धारक ईश्वर है, ऐसा हमारे धर्म में बताया गया है। हम इसमें किसी तर्क में नहीं पड़ना चाहते हैं, हमारा कथन है कि एक बार प्रात: उस परमपिता परमात्मा को अवश्य धन्यवाद दें, जिसने आपको इस योग्य बनाया है एवं उनसे आपको सन्मार्ग पर चलाए रखने की प्रार्थना करें। जो छात्र सही मार्ग पर चलता है, पूरी मेहनत से कार्य करता है, वह जीवन में अवश्य सफल होता है। परीक्षा में सफलता/असफलता, जीवन में सफलता/ असफलता से बिल्कुल अलग बात है।

अत: कभी परीक्षा में असफल भी हो जाएँ, तो ईश्वर में आस्था बनाए रखें, पता नहीं आपके लिए कौन-सा स्वर्ण द्वार खुलने वाला है। सही रास्ते पर चलने वाले एवं ईश्वर में आस्था रखने वाले व्यक्ति ही जीवन में सफल होते हैं, यह निर्विवाद सत्य है।